DIESES BUCH

Gehört

FAHRRAD MALBUCH

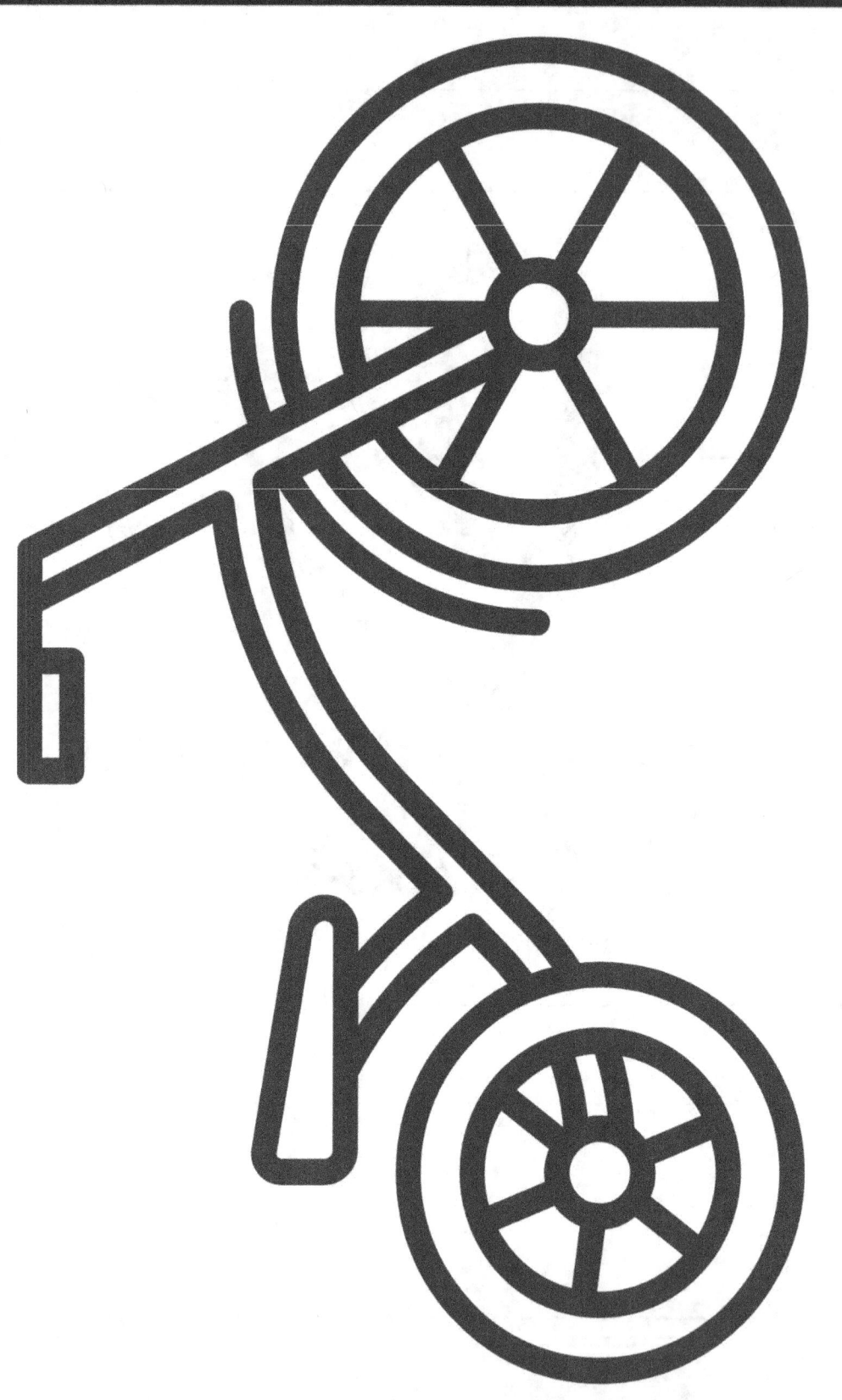

FAHRRAD MALBUCH

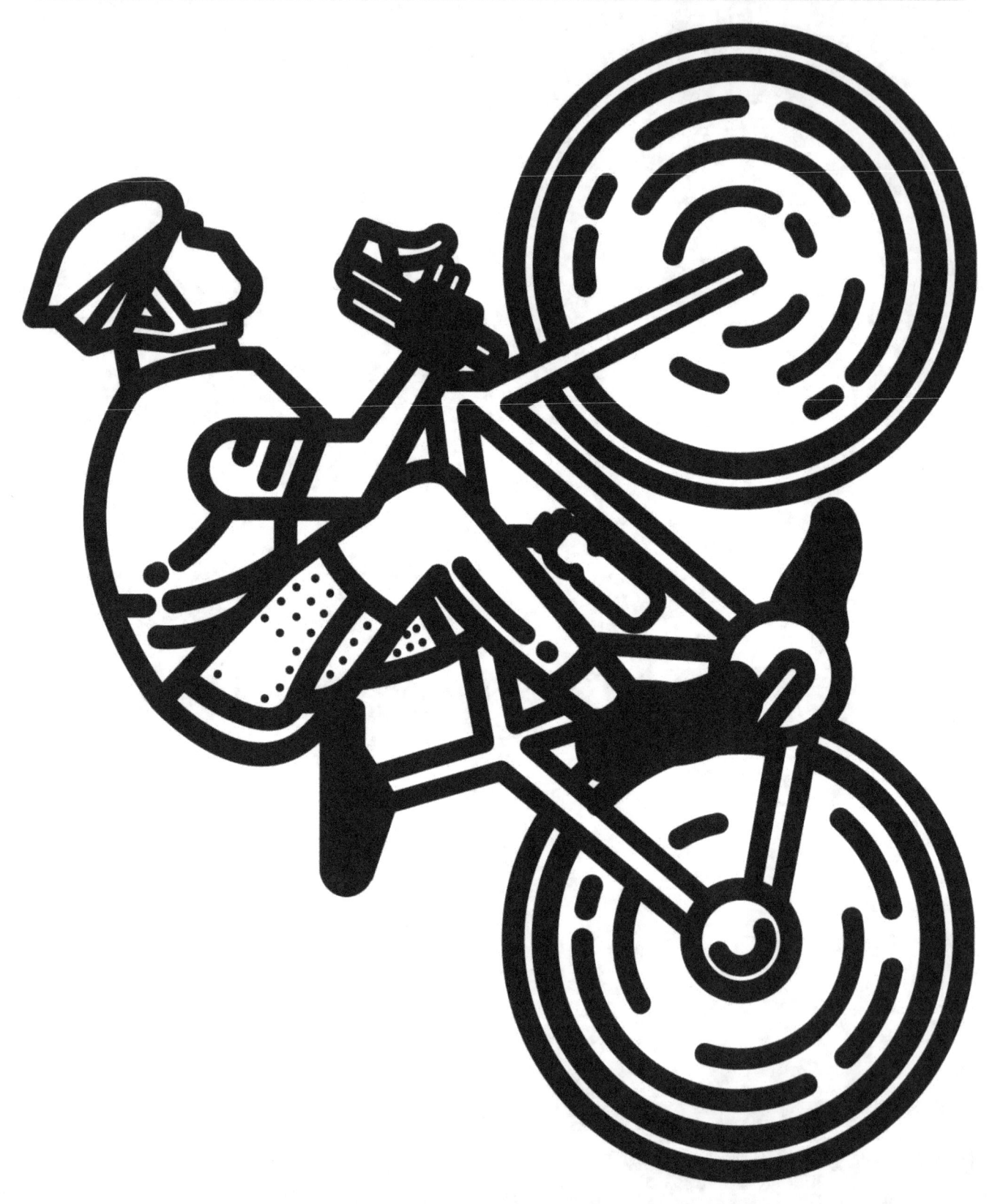

FAHRRAD MALBUCH

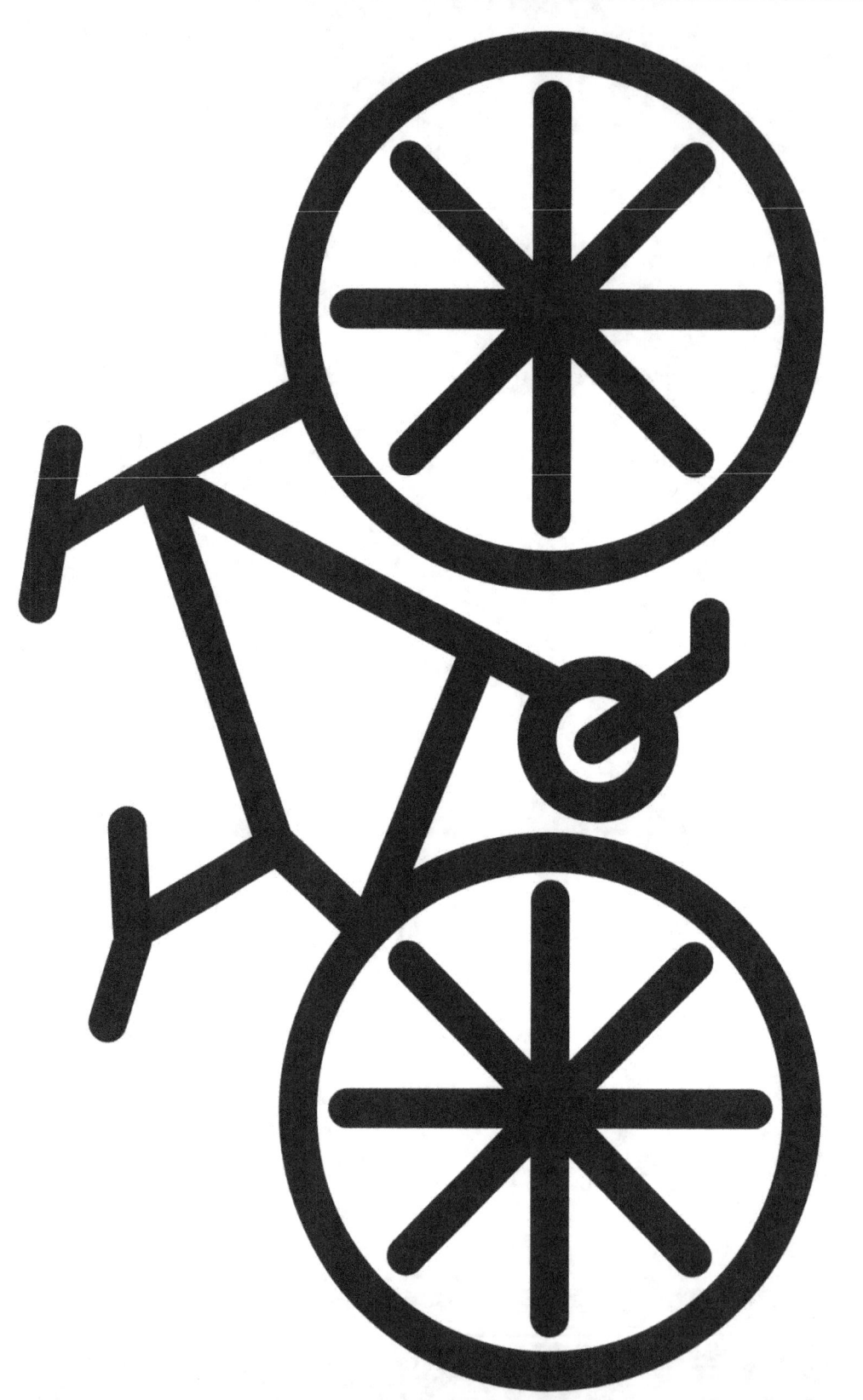

FAHRRAD MALBUCH

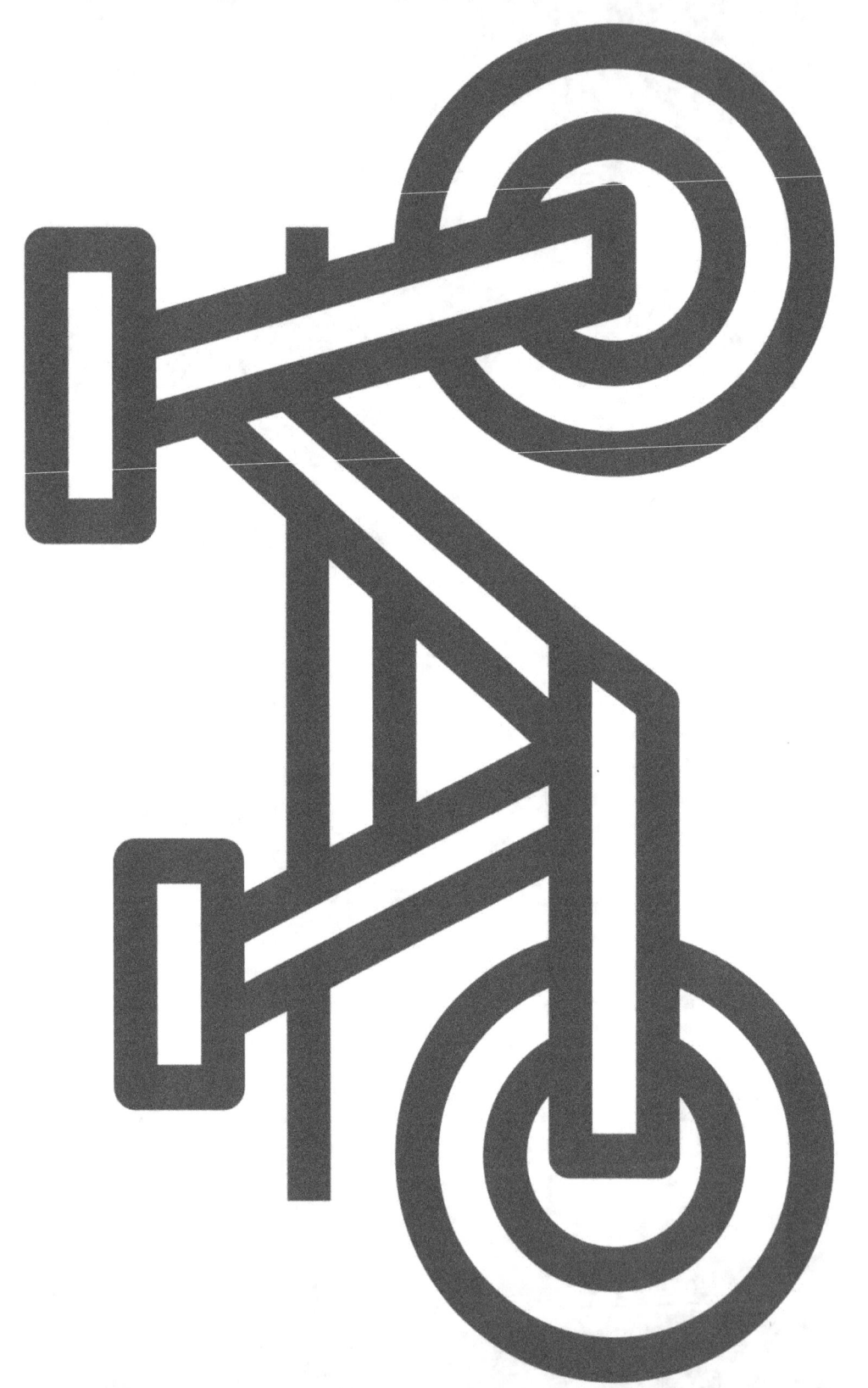

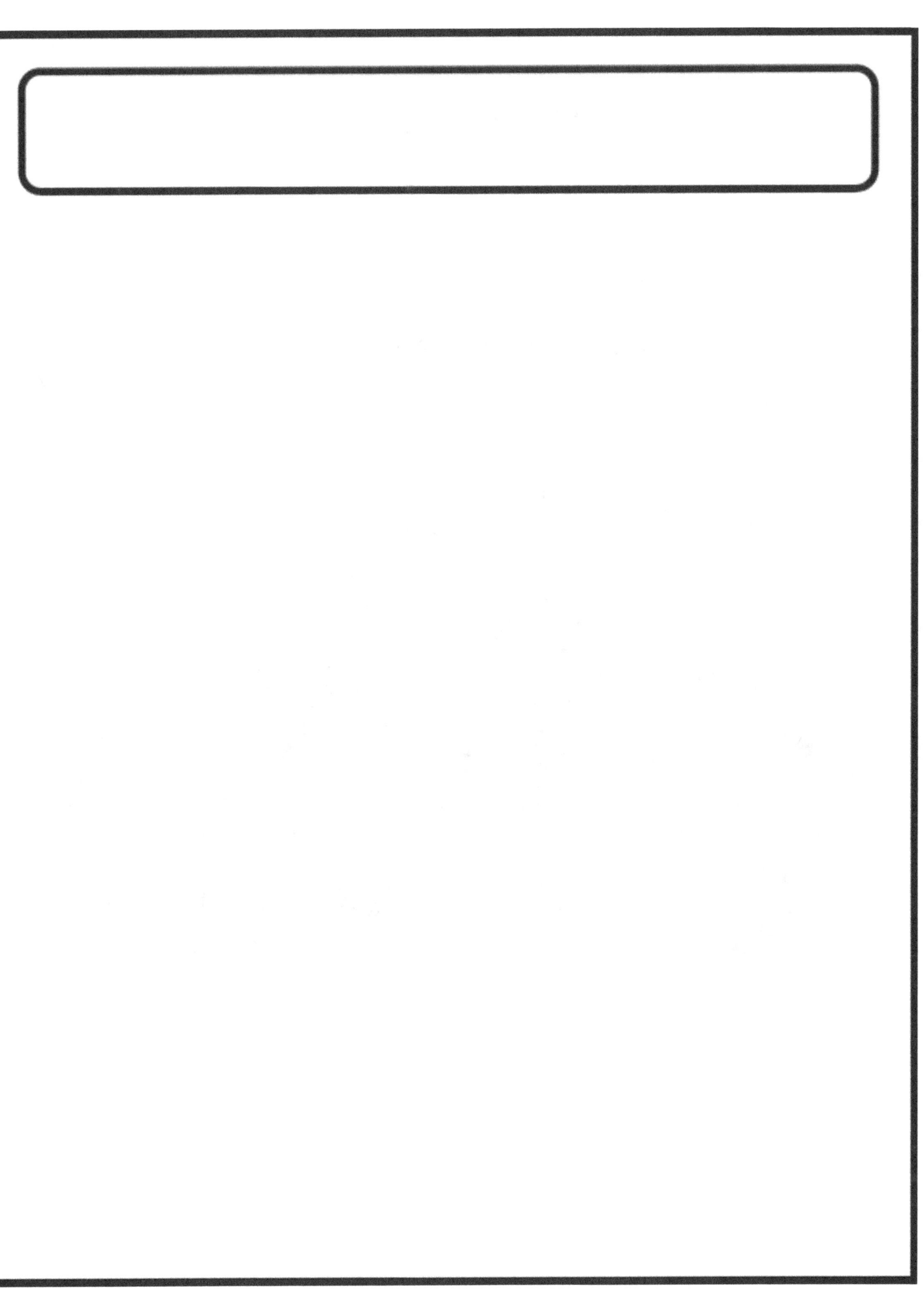

FAHRRAD MALBUCH

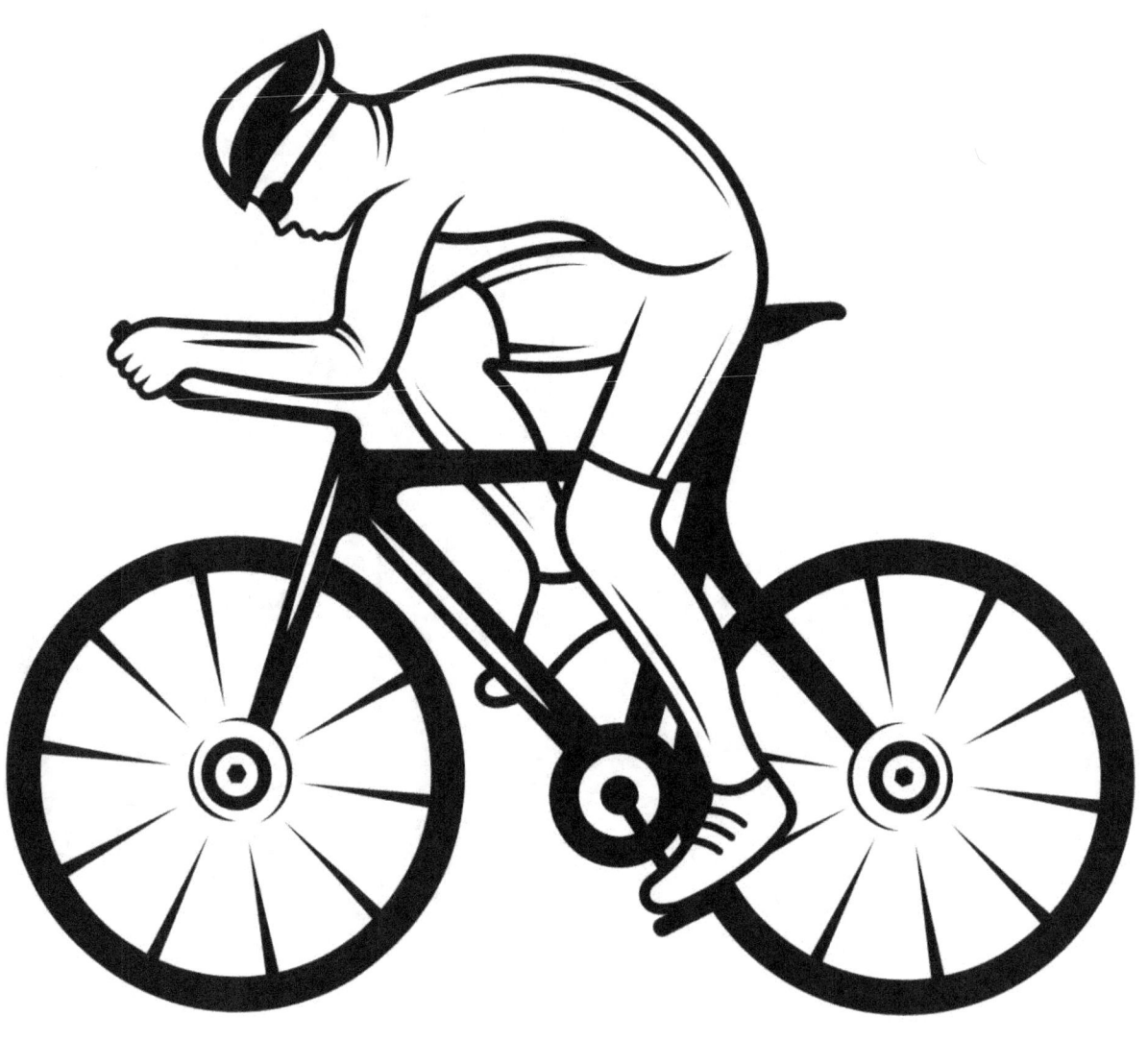

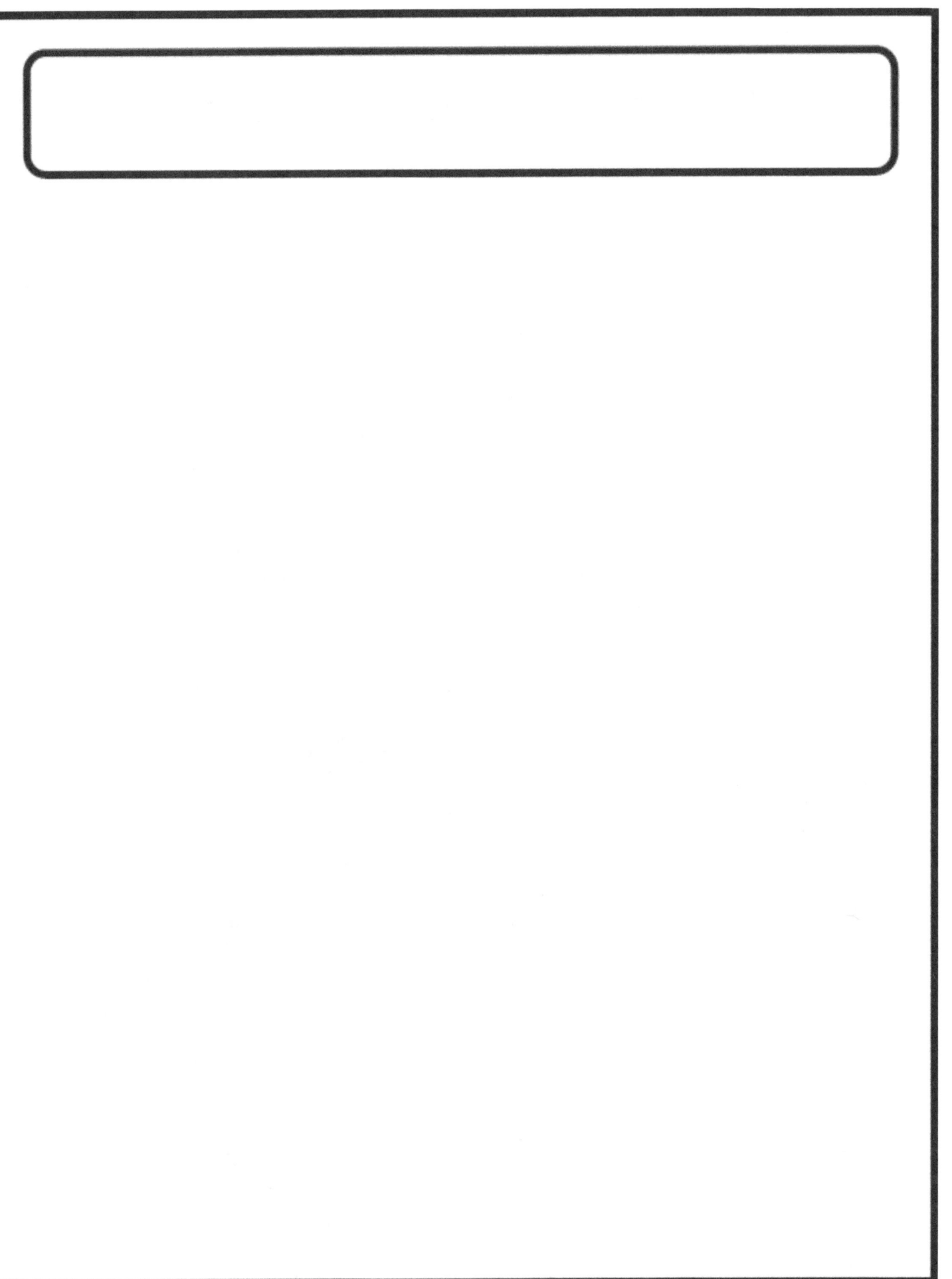

FAHRRAD MALBUCH

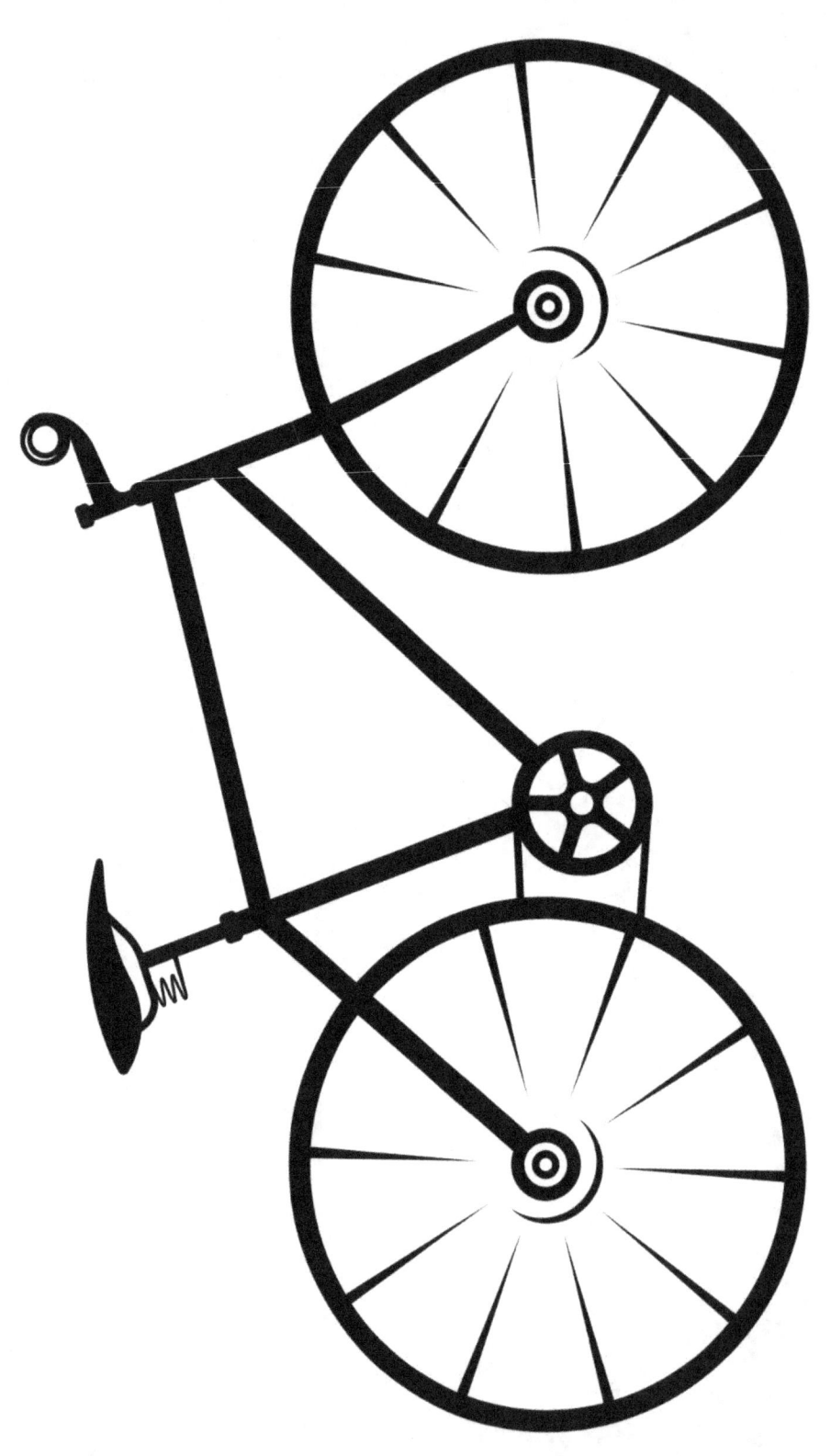

FAHRRAD MALBUCH

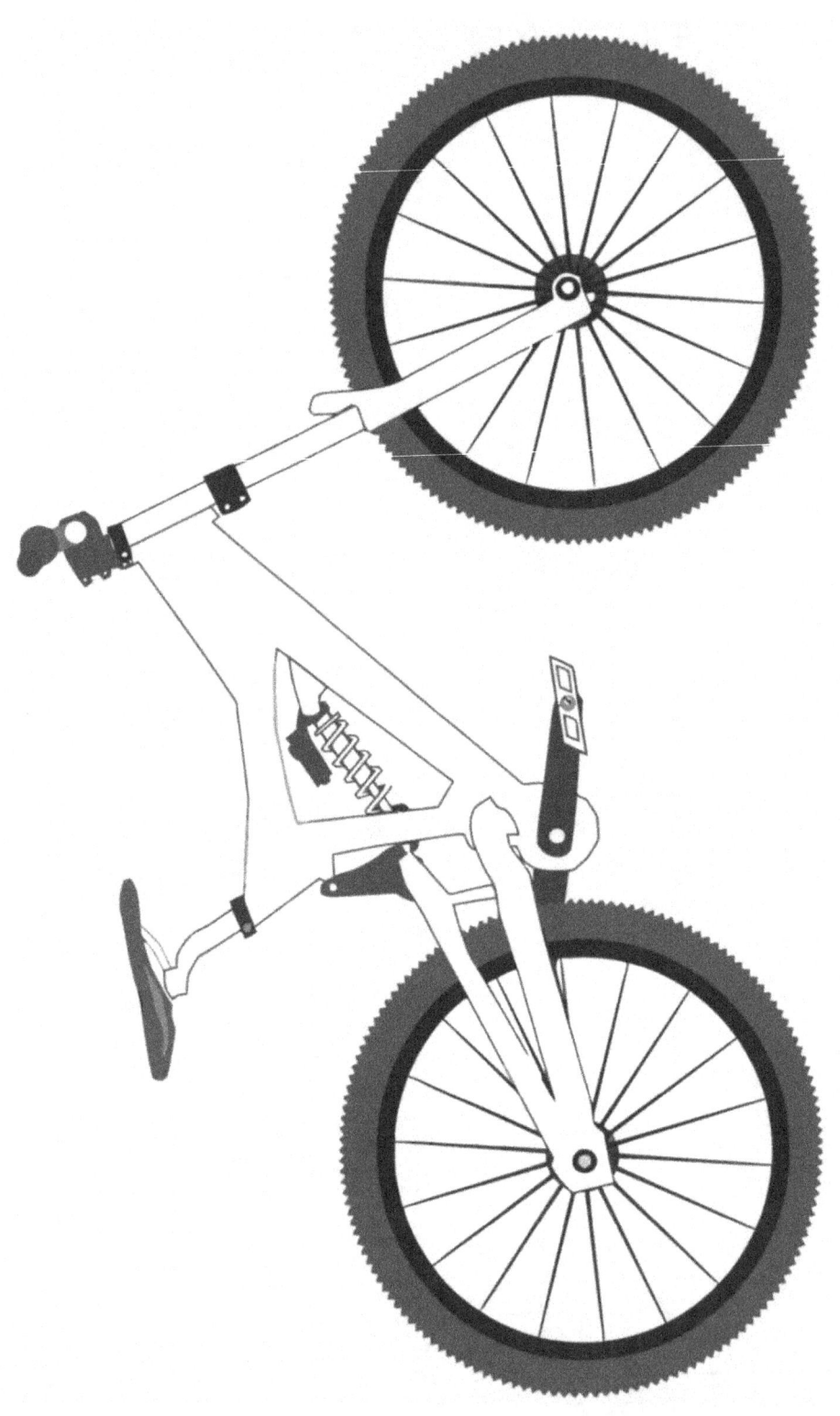

FAHRRAD MALBUCH

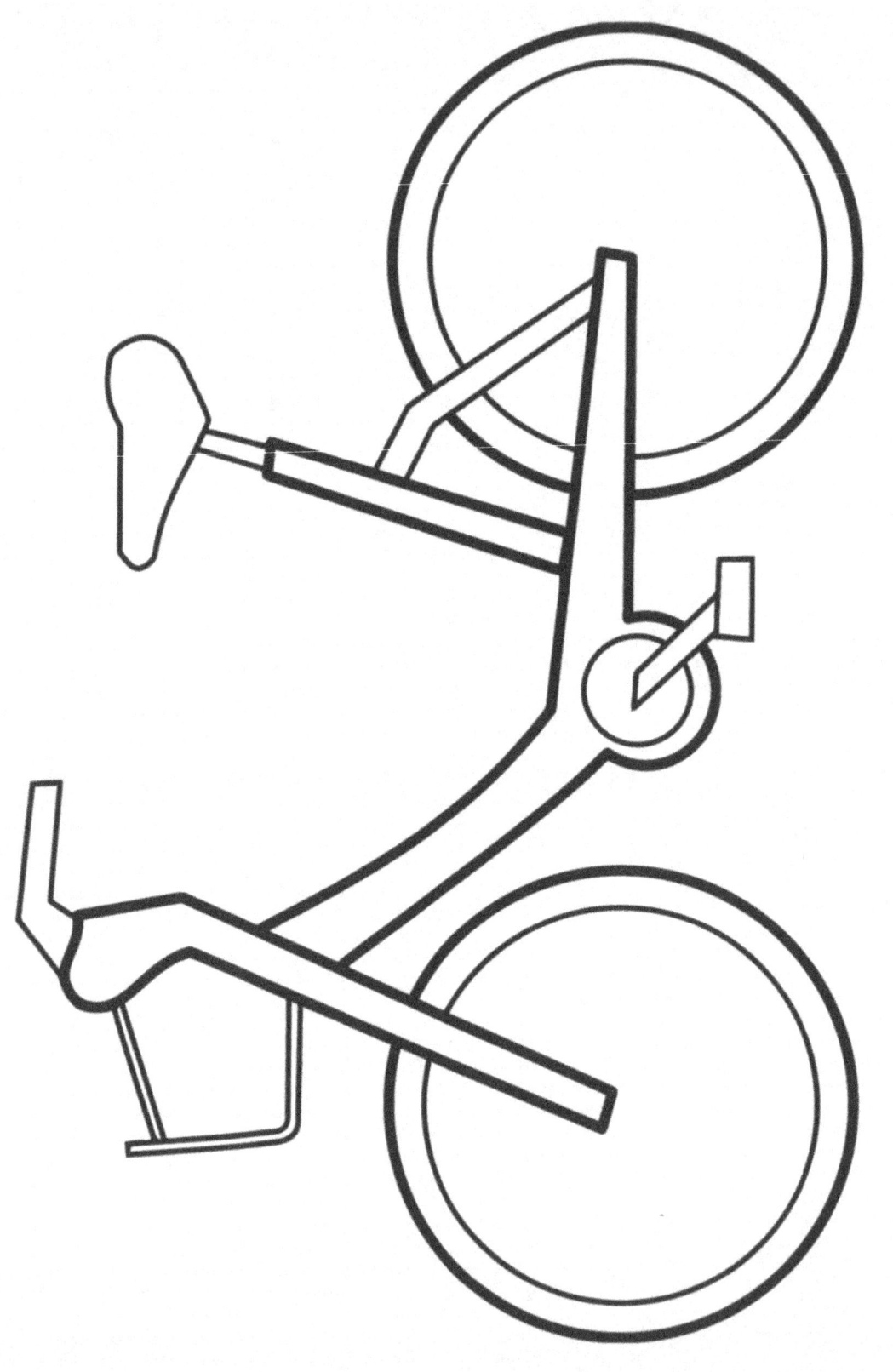

FAHRRAD MALBUCH

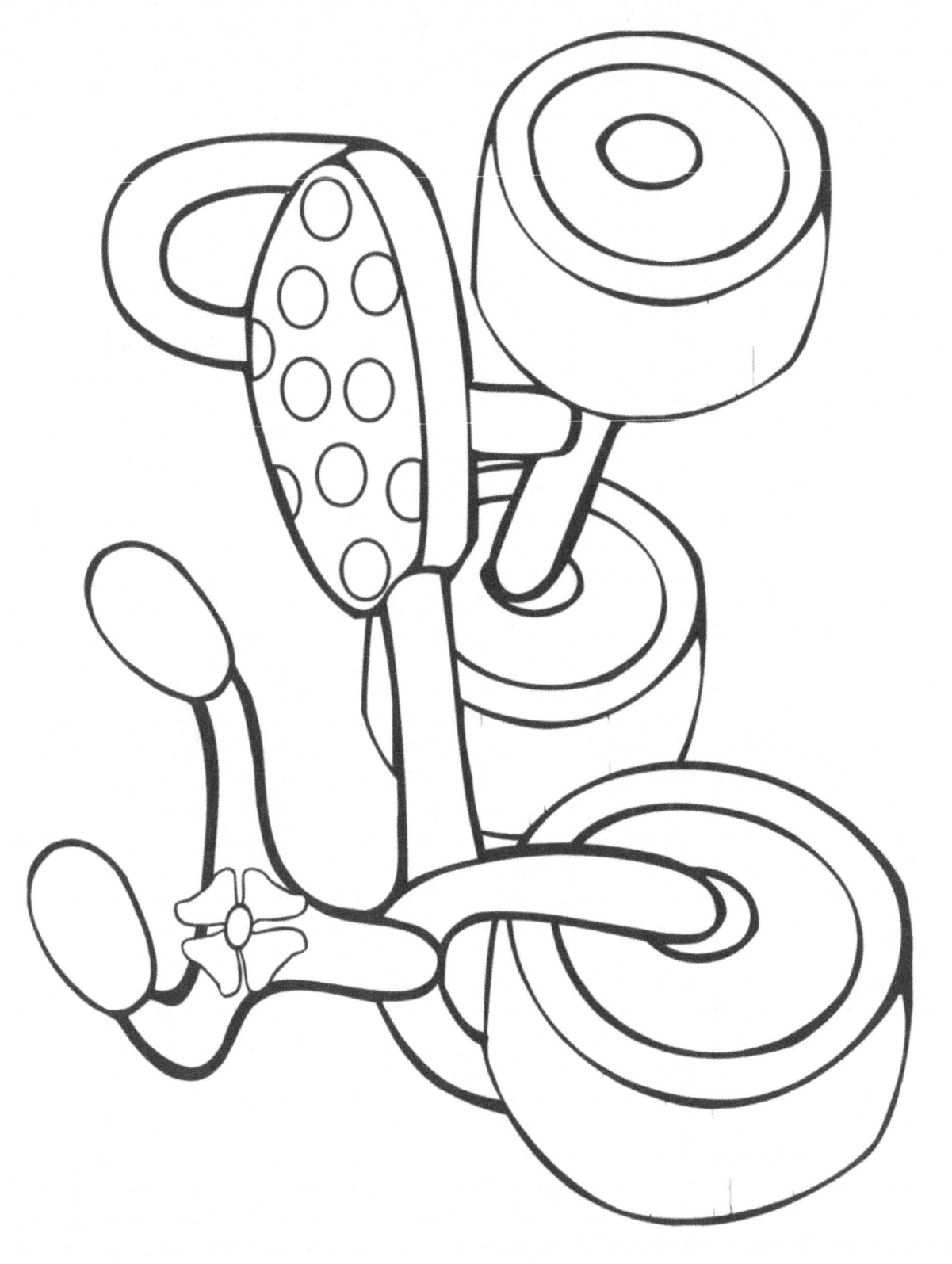

FAHRRAD MALBUCH

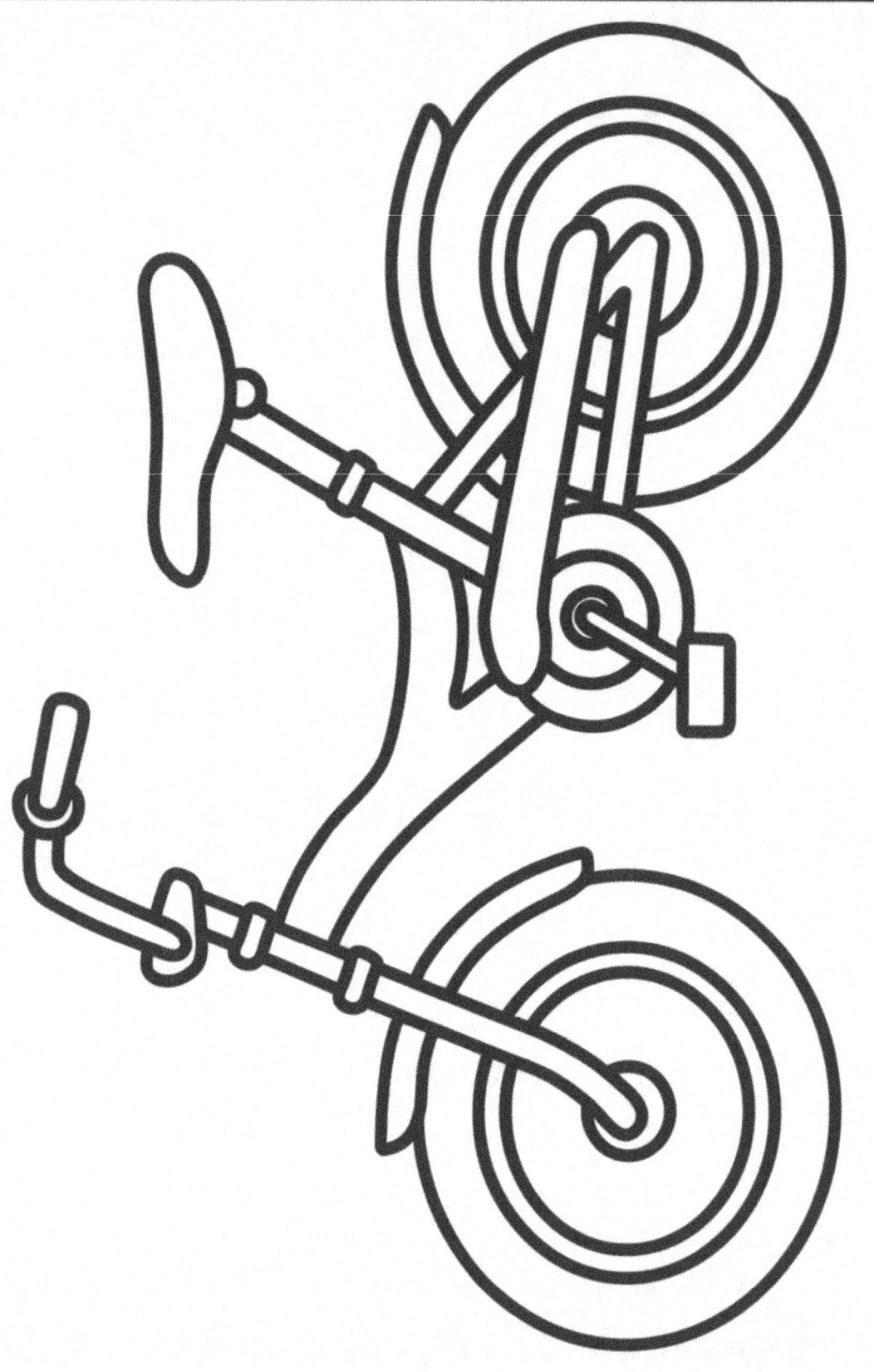

FAHRRAD MALBUCH

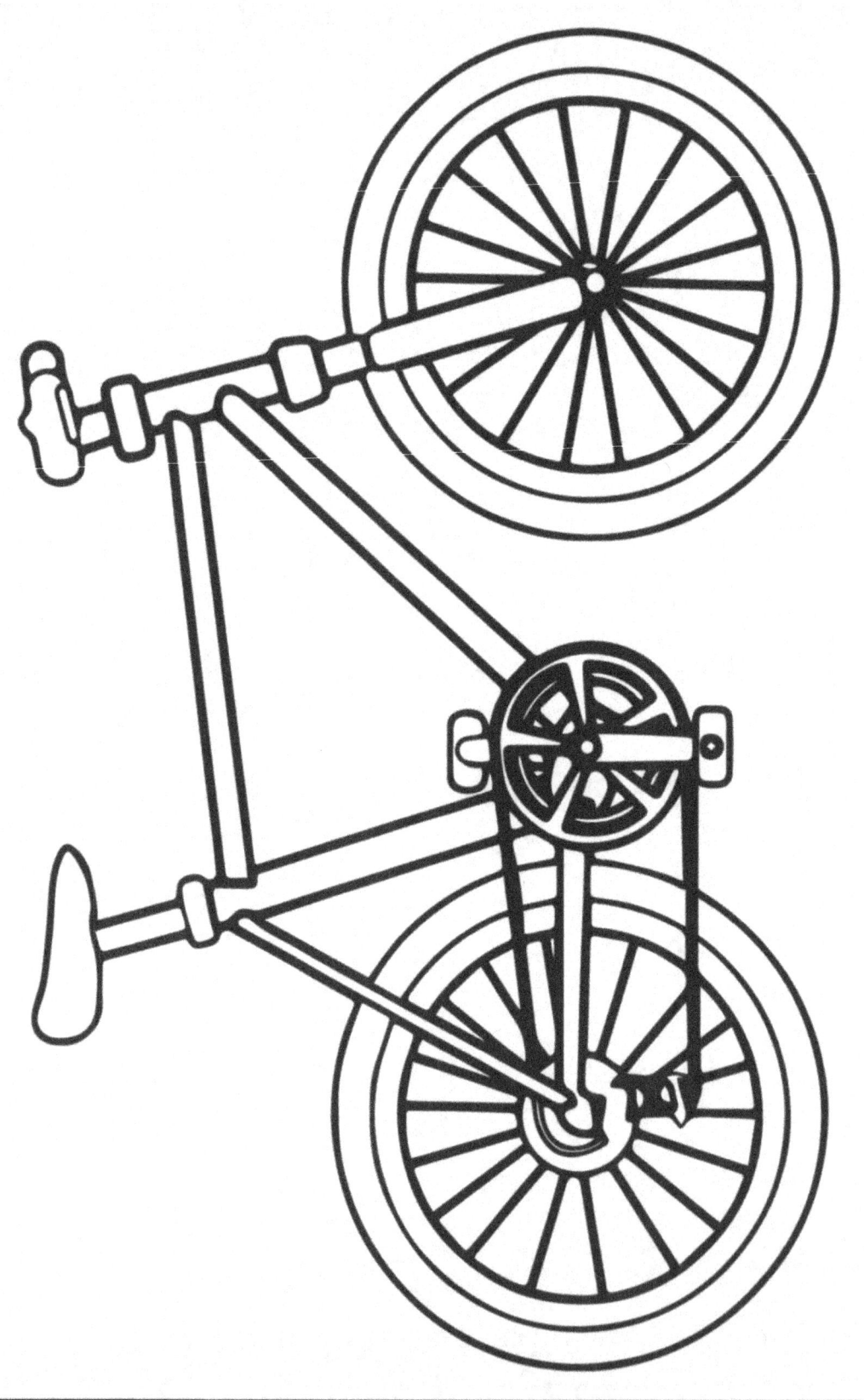

FAHRRAD MALBUCH

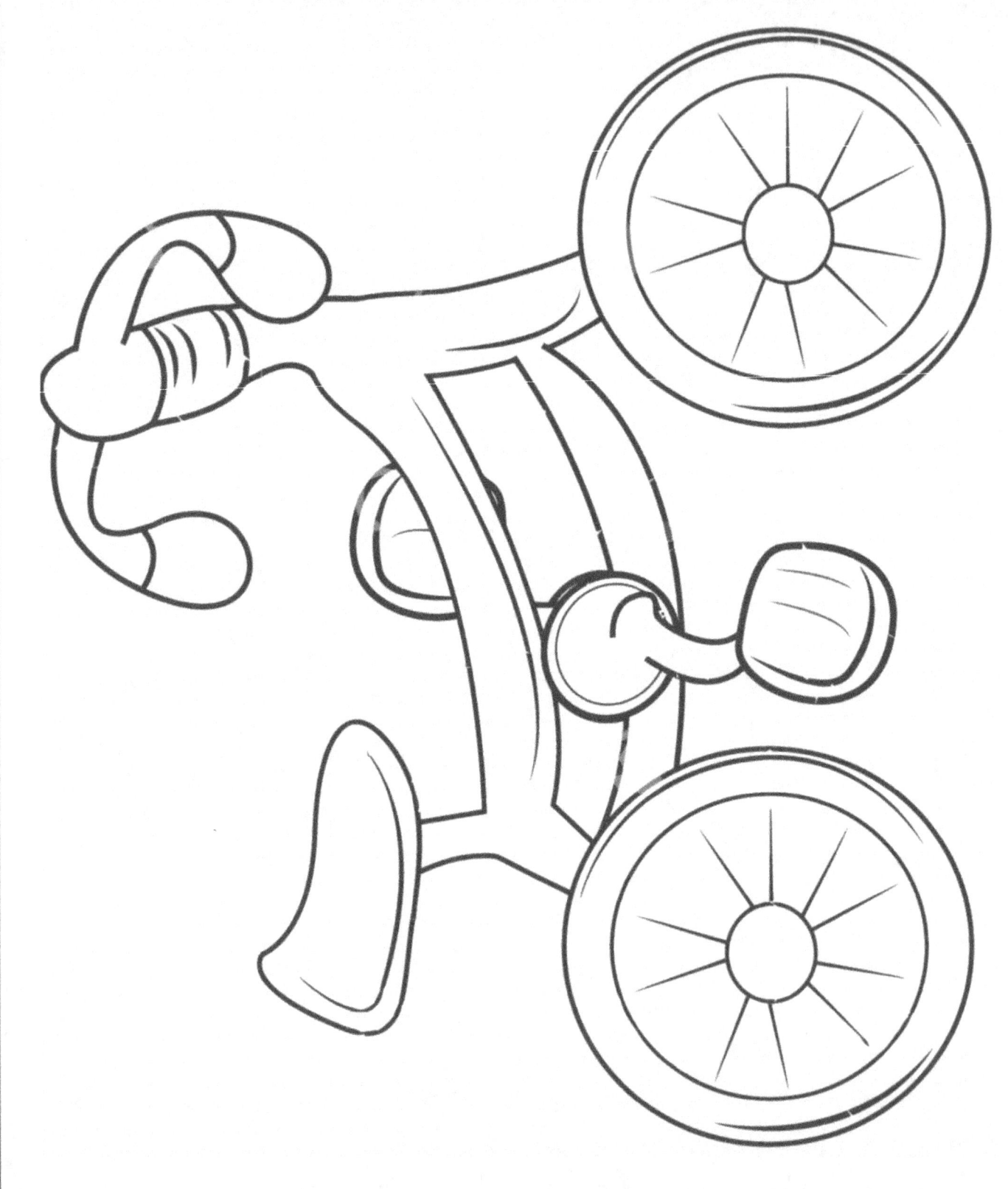

FAHRRAD MALBUCH

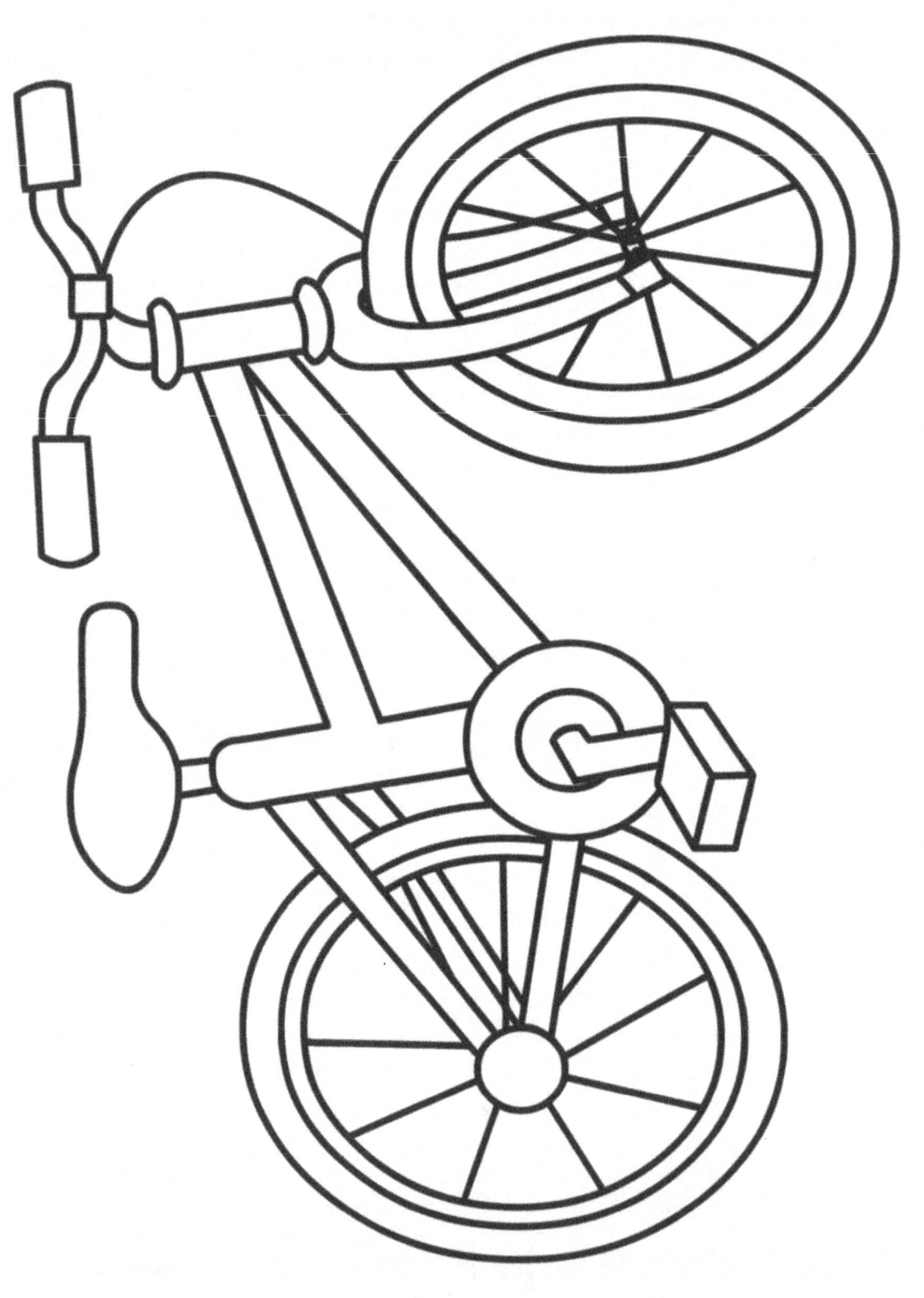

FAHRRAD MALBUCH

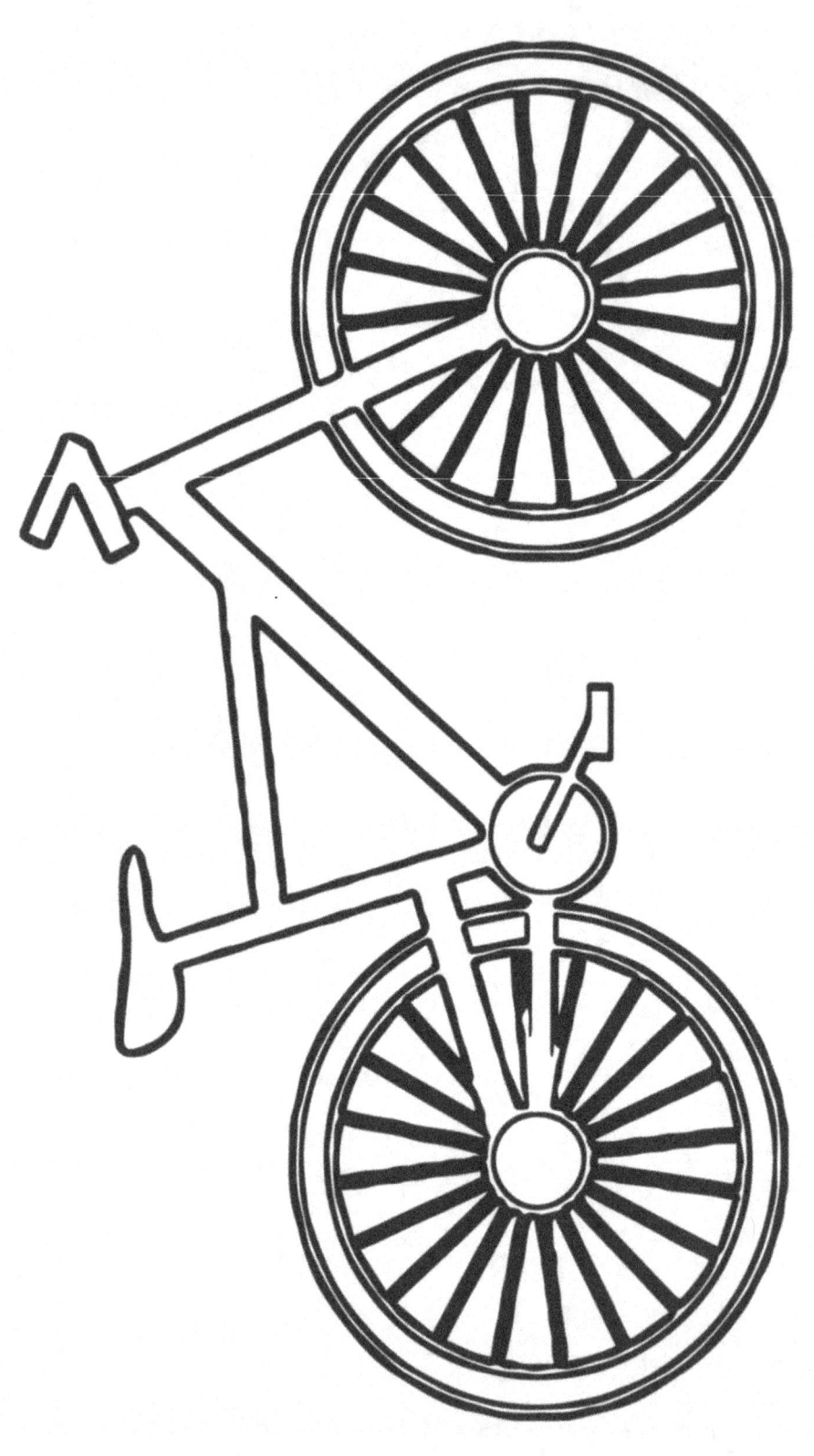

FAHRRAD MALBUCH

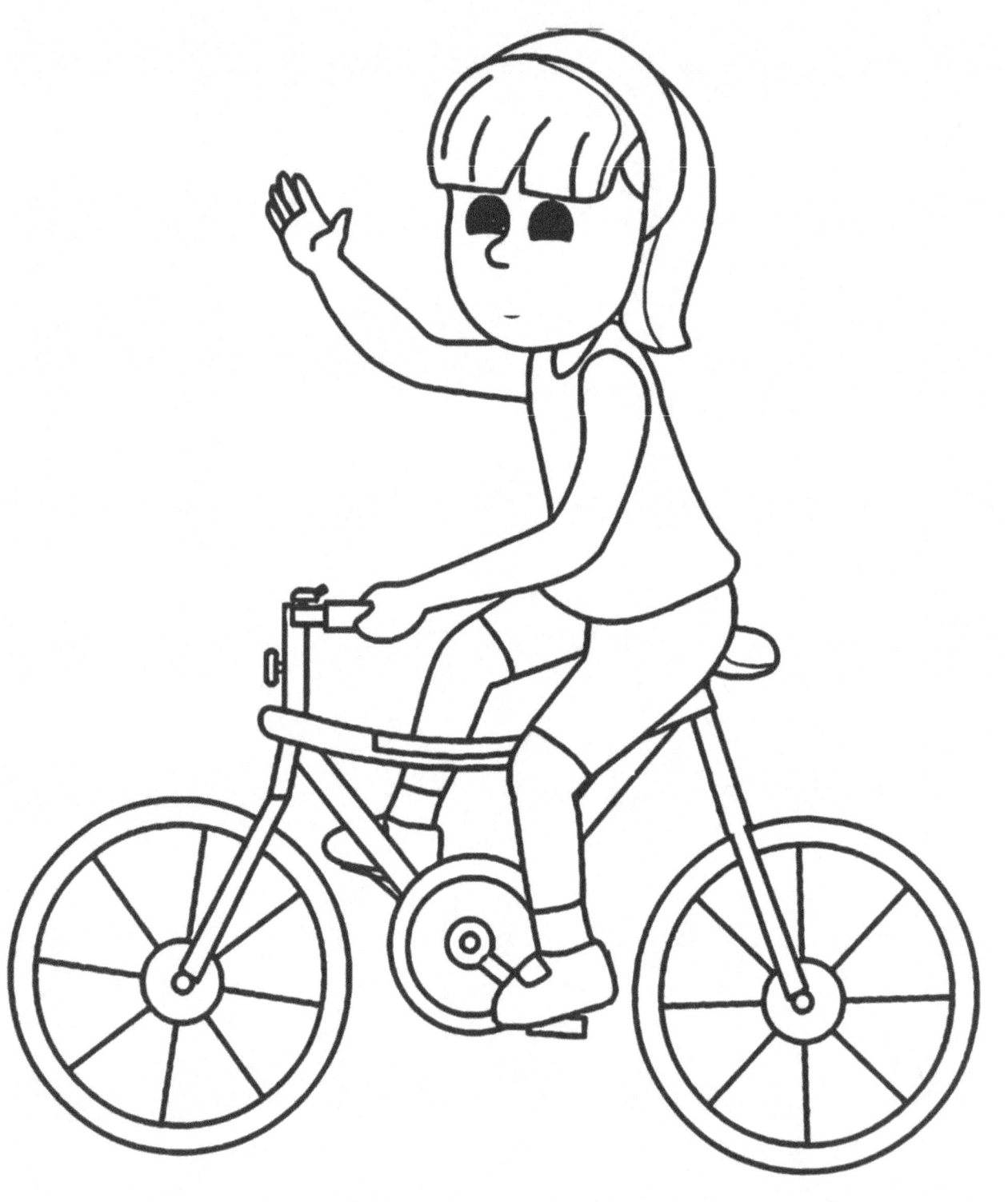

FAHRRAD MALBUCH

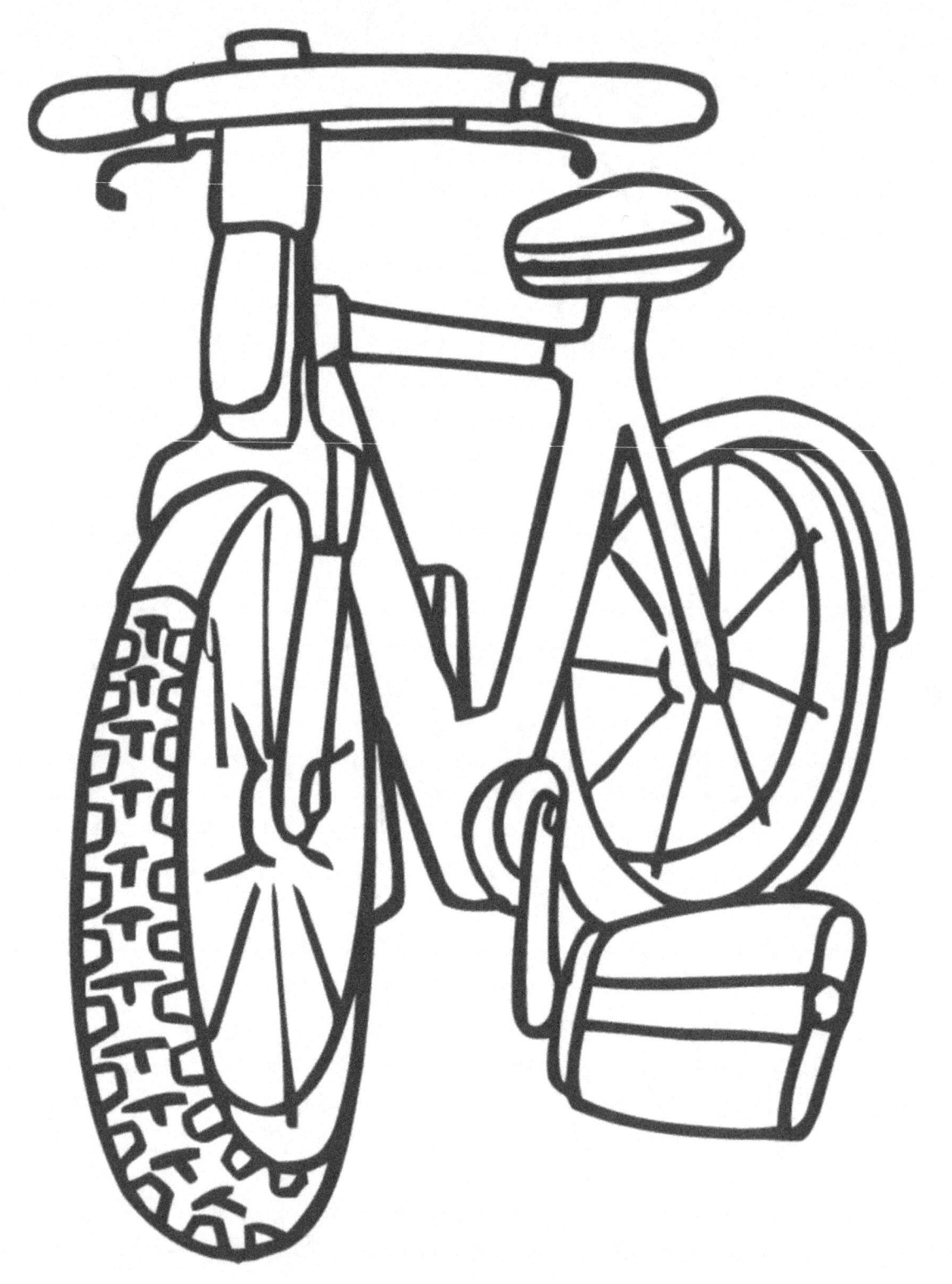

FAHRRAD MALBUCH

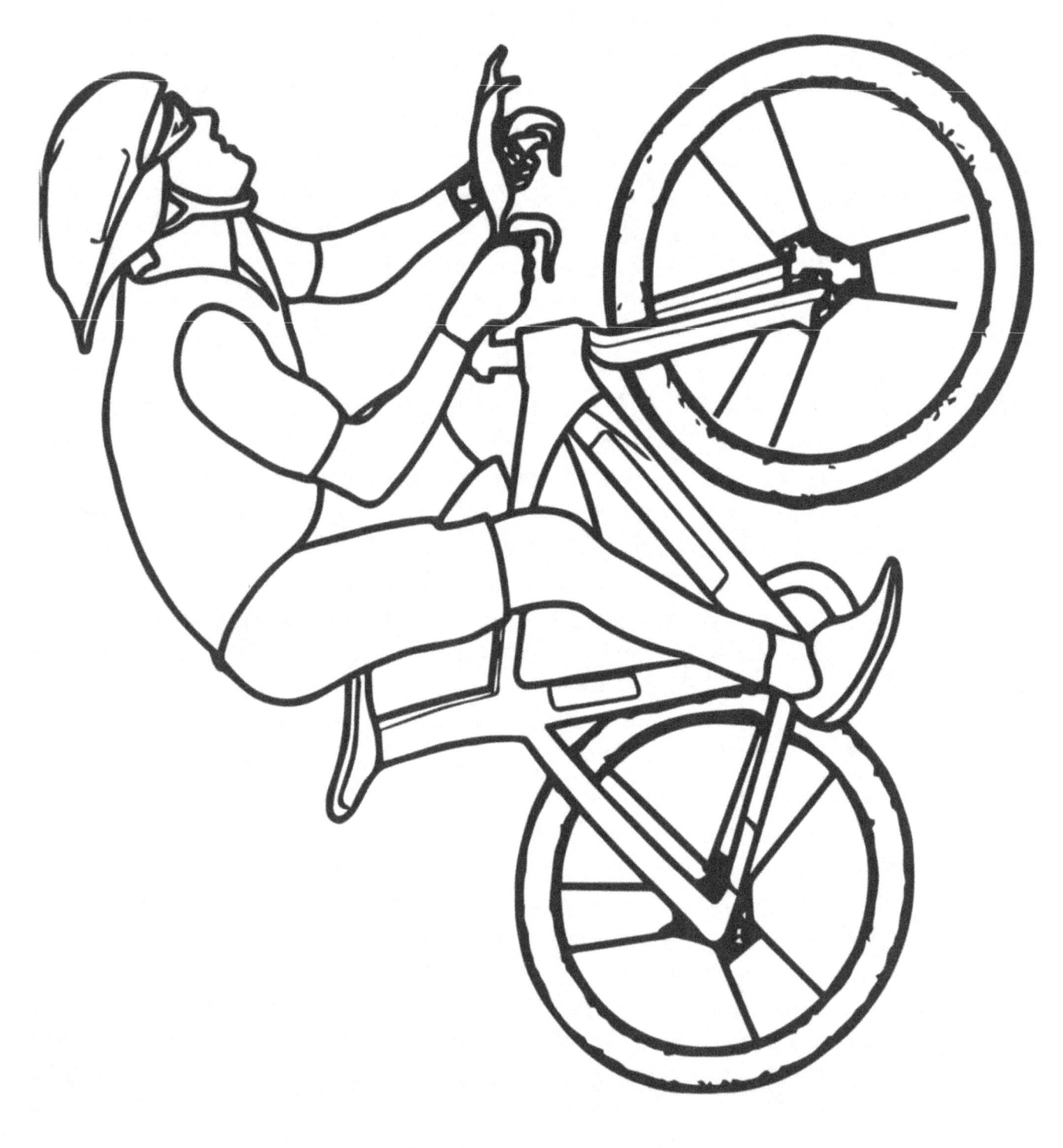

FAHRRAD MALBUCH

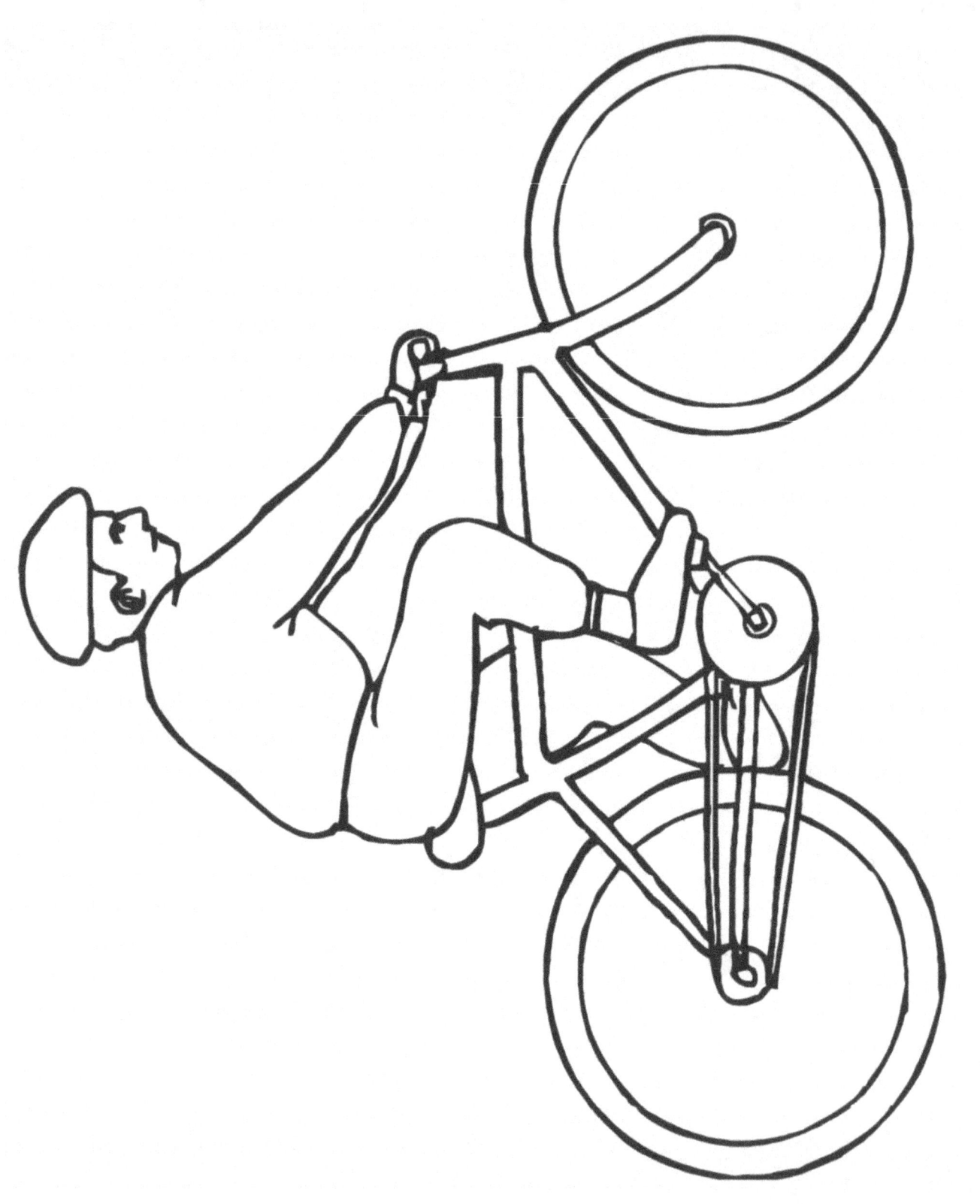

FAHRRAD MALBUCH

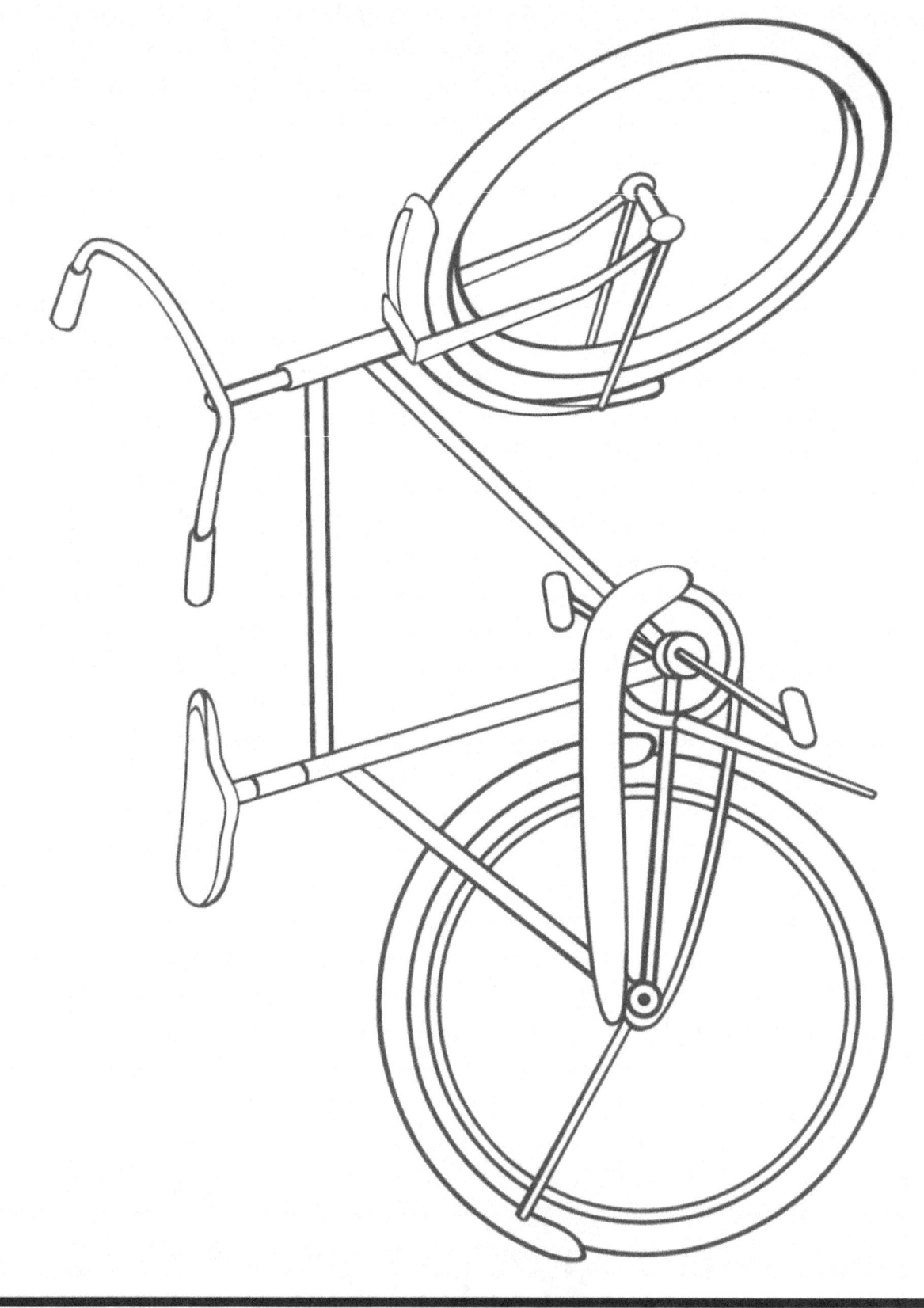

FAHRRAD MALBUCH

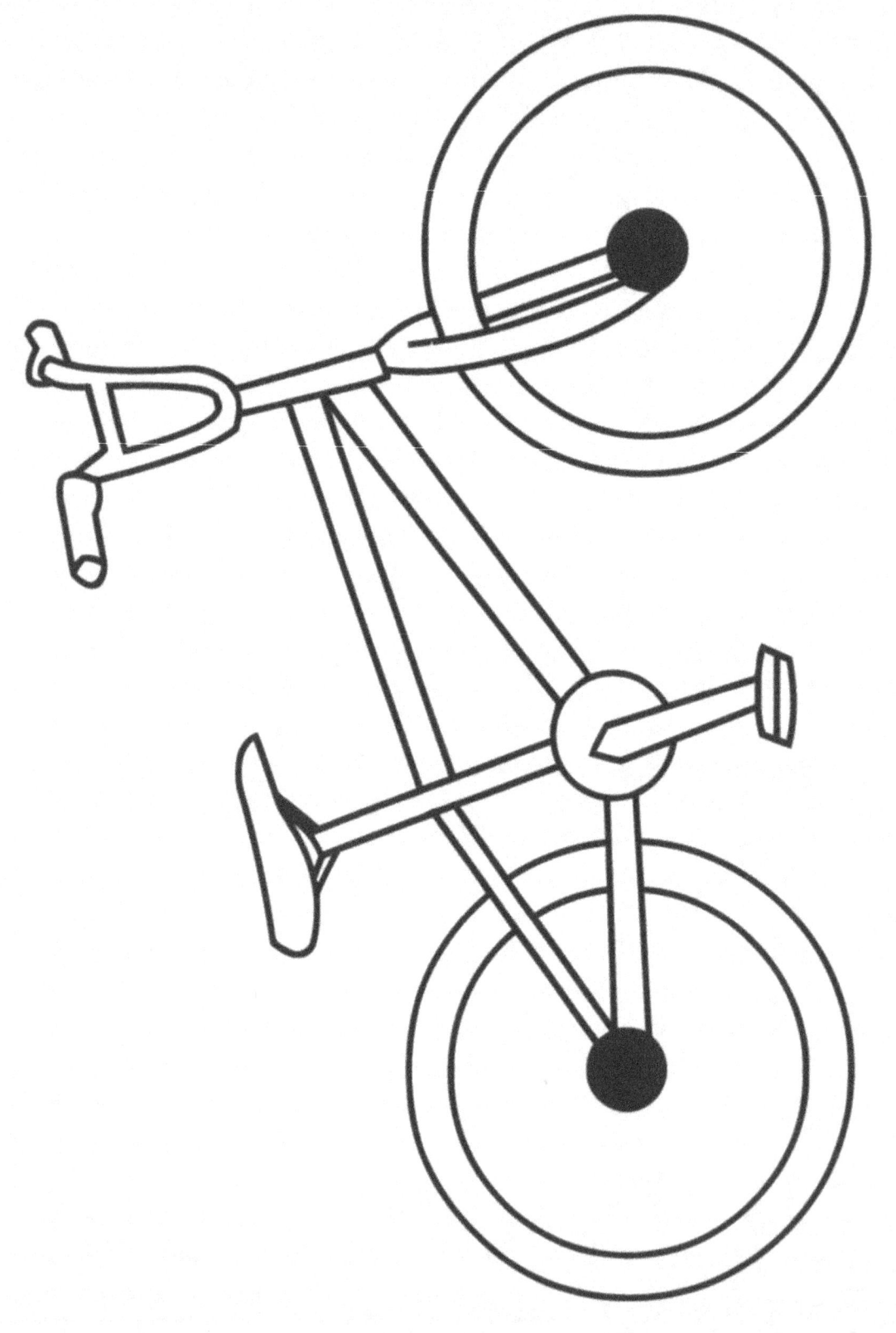

FAHRRAD MALBUCH

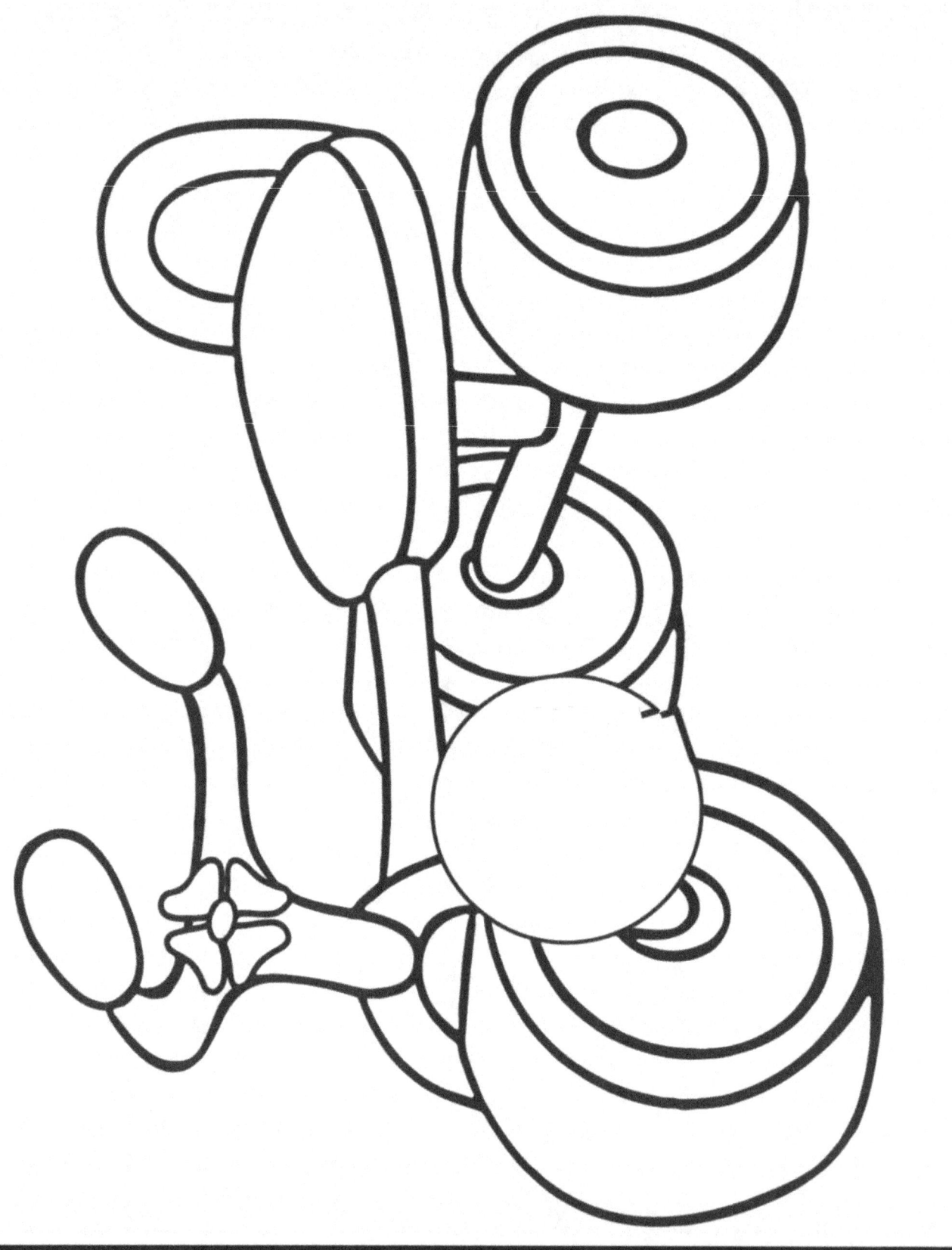

FAHRRAD MALBUCH

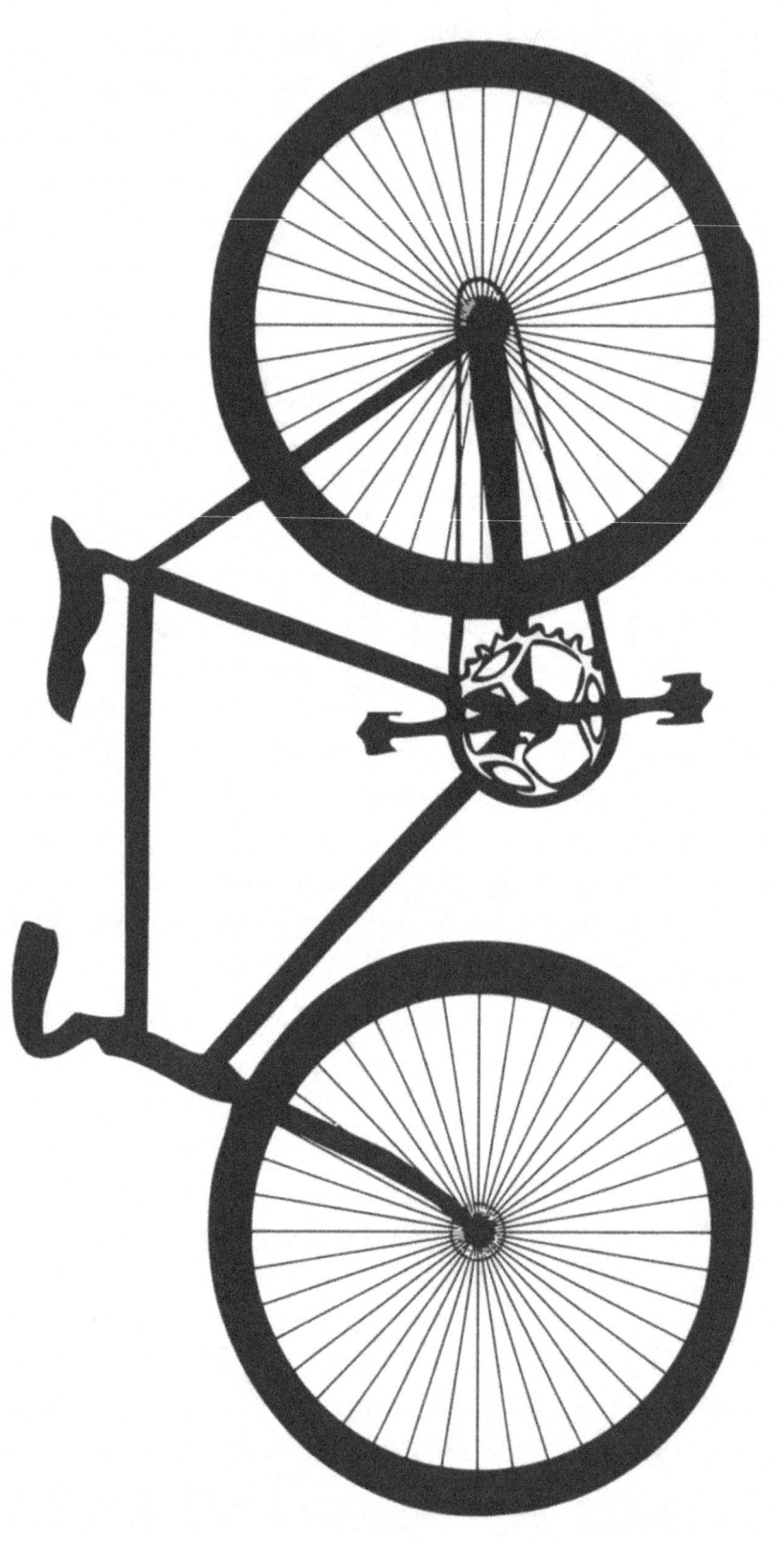

FAHRRAD MALBUCH

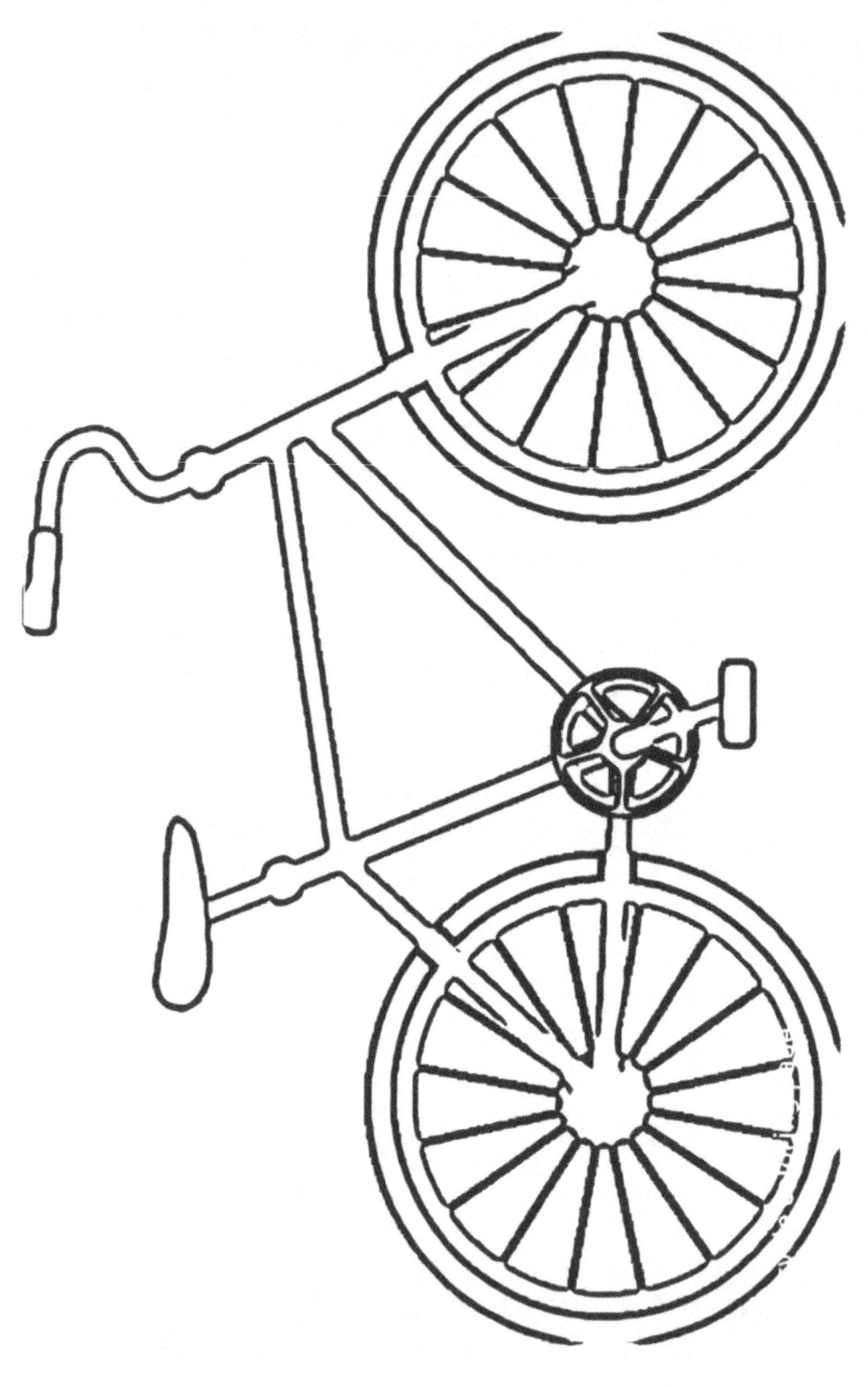

FAHRRAD MALBUCH

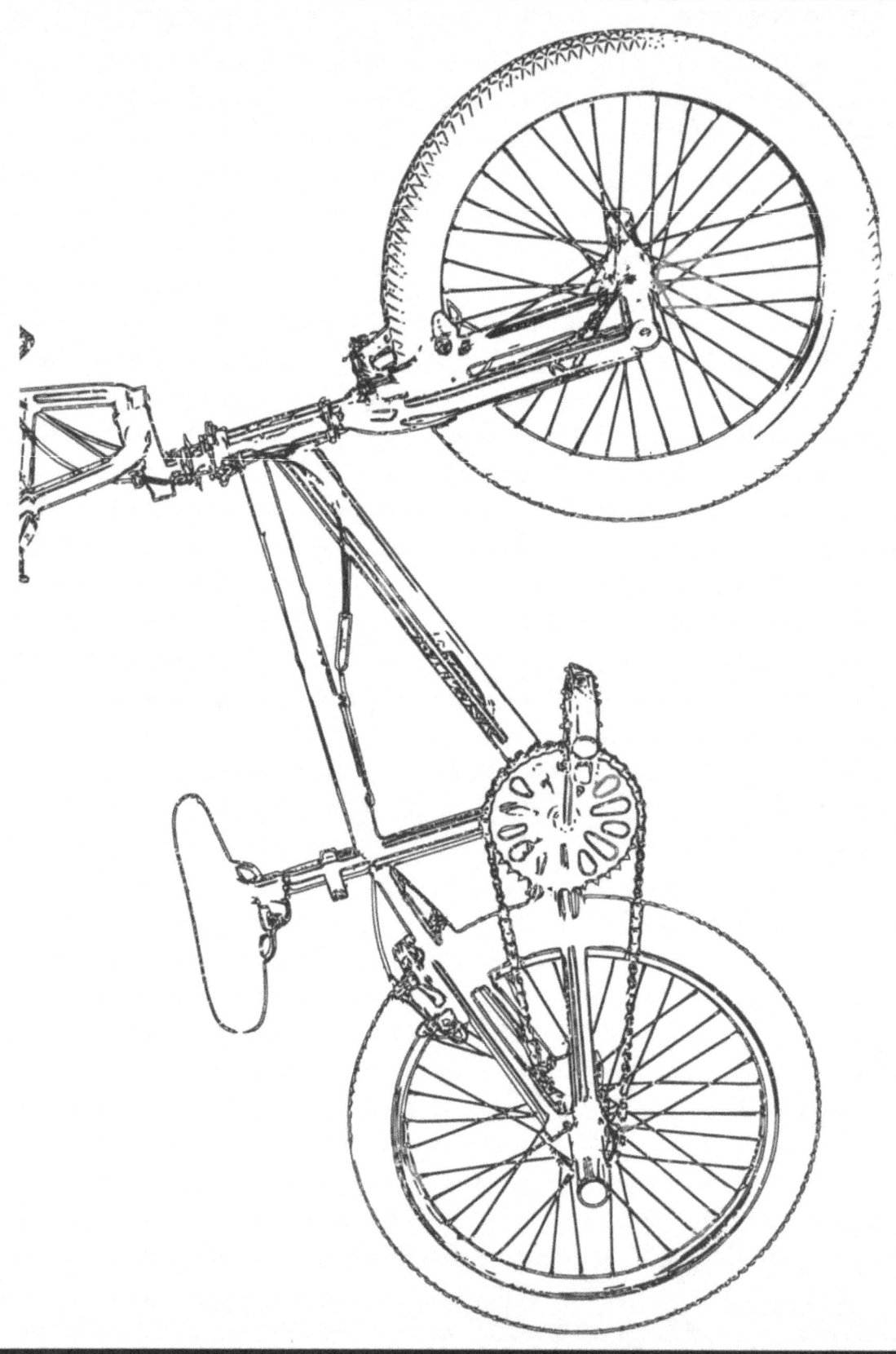

FAHRRAD MALBUCH

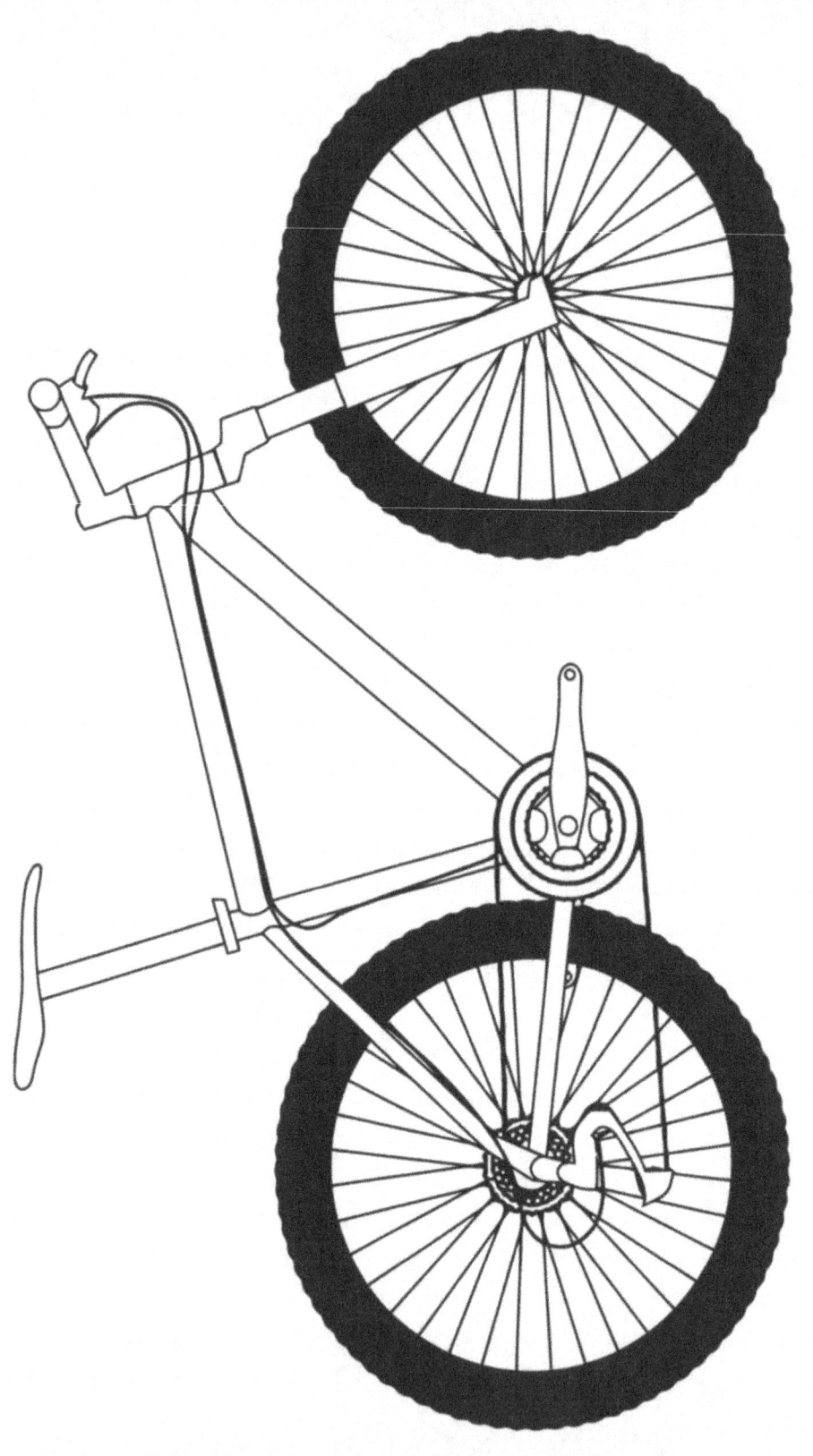

FAHRRAD MALBUCH

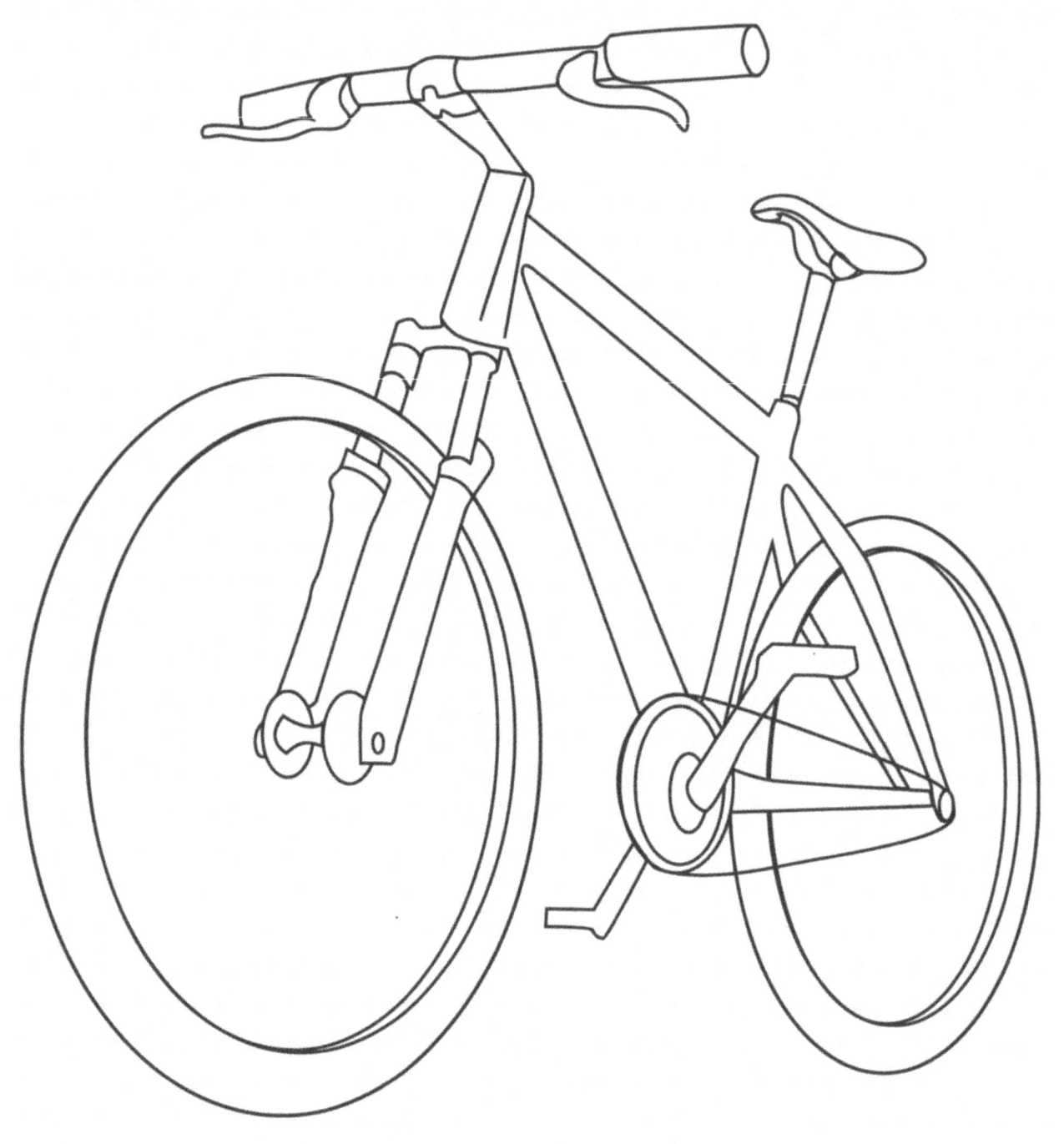

FAHRRAD MALBUCH

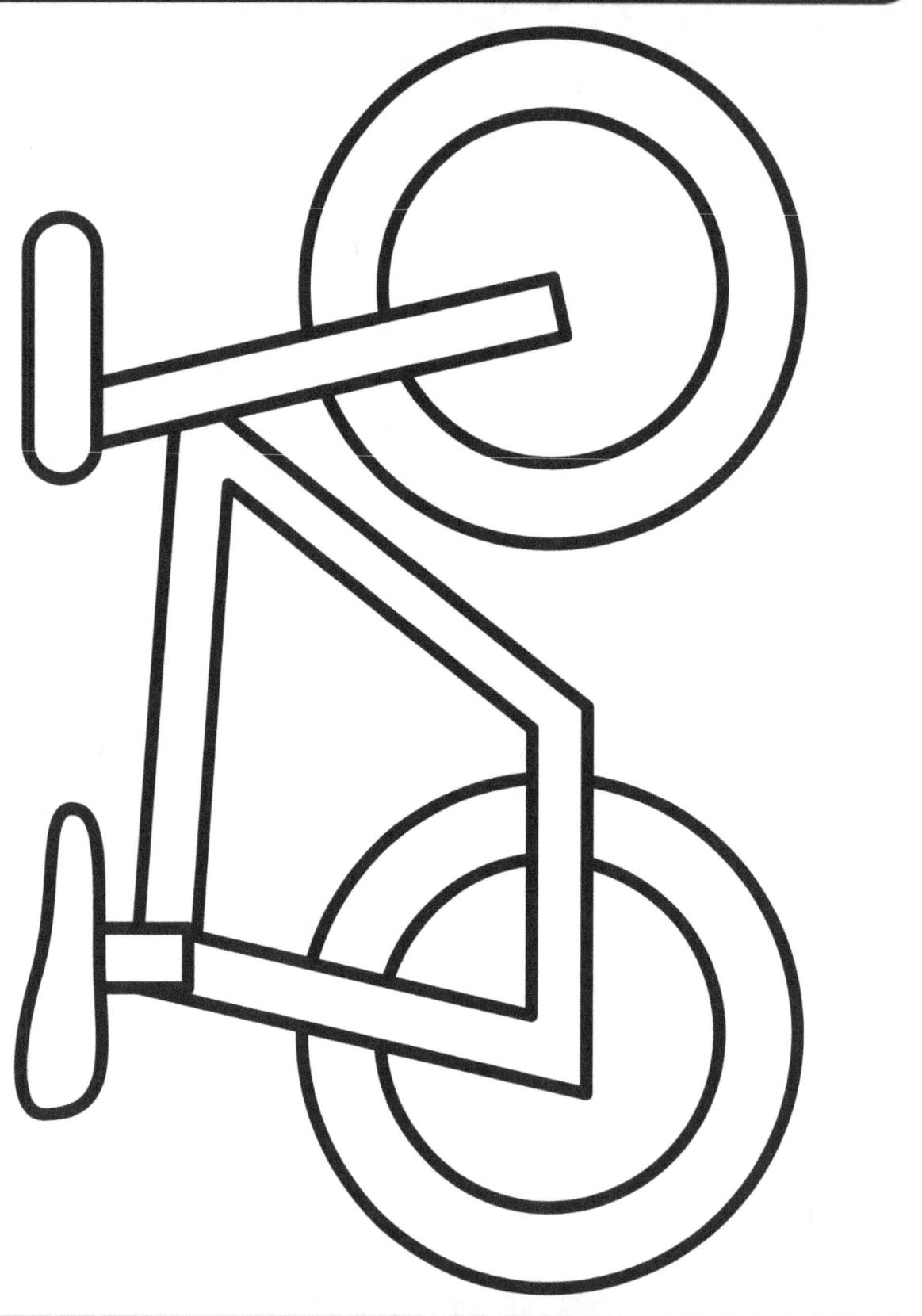

FAHRRAD MALBUCH

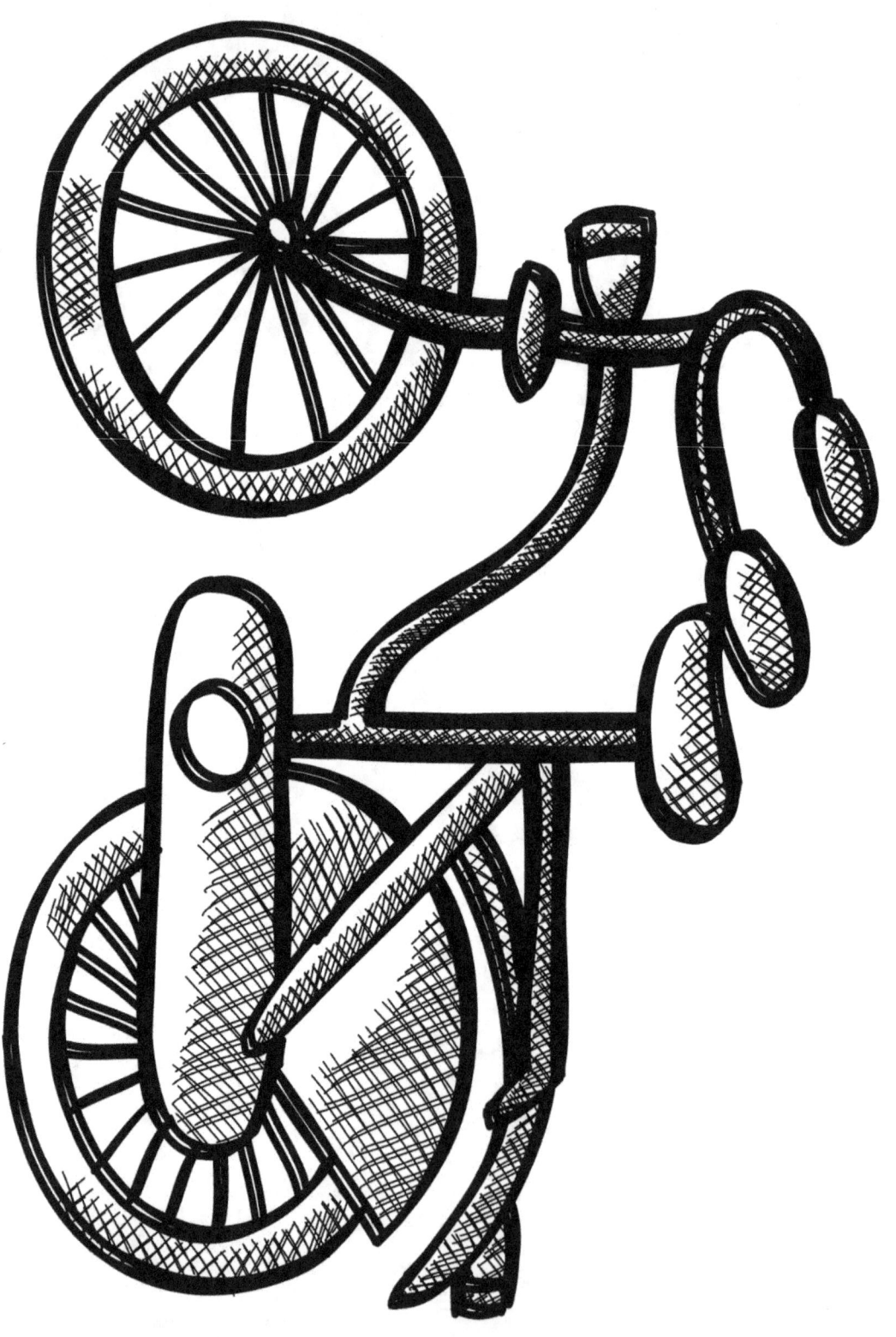

FAHRRAD MALBUCH

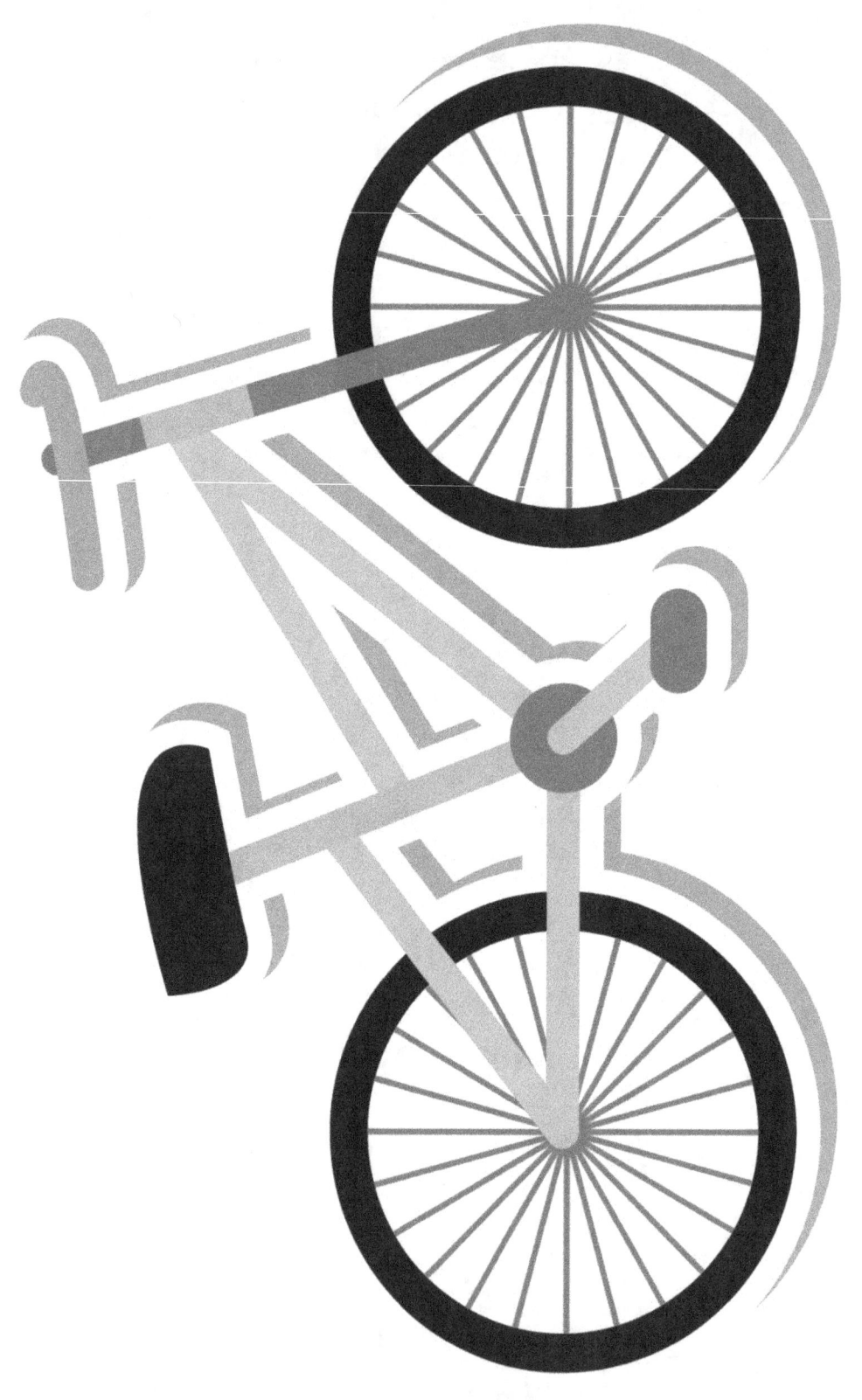

FAHRRAD MALBUCH

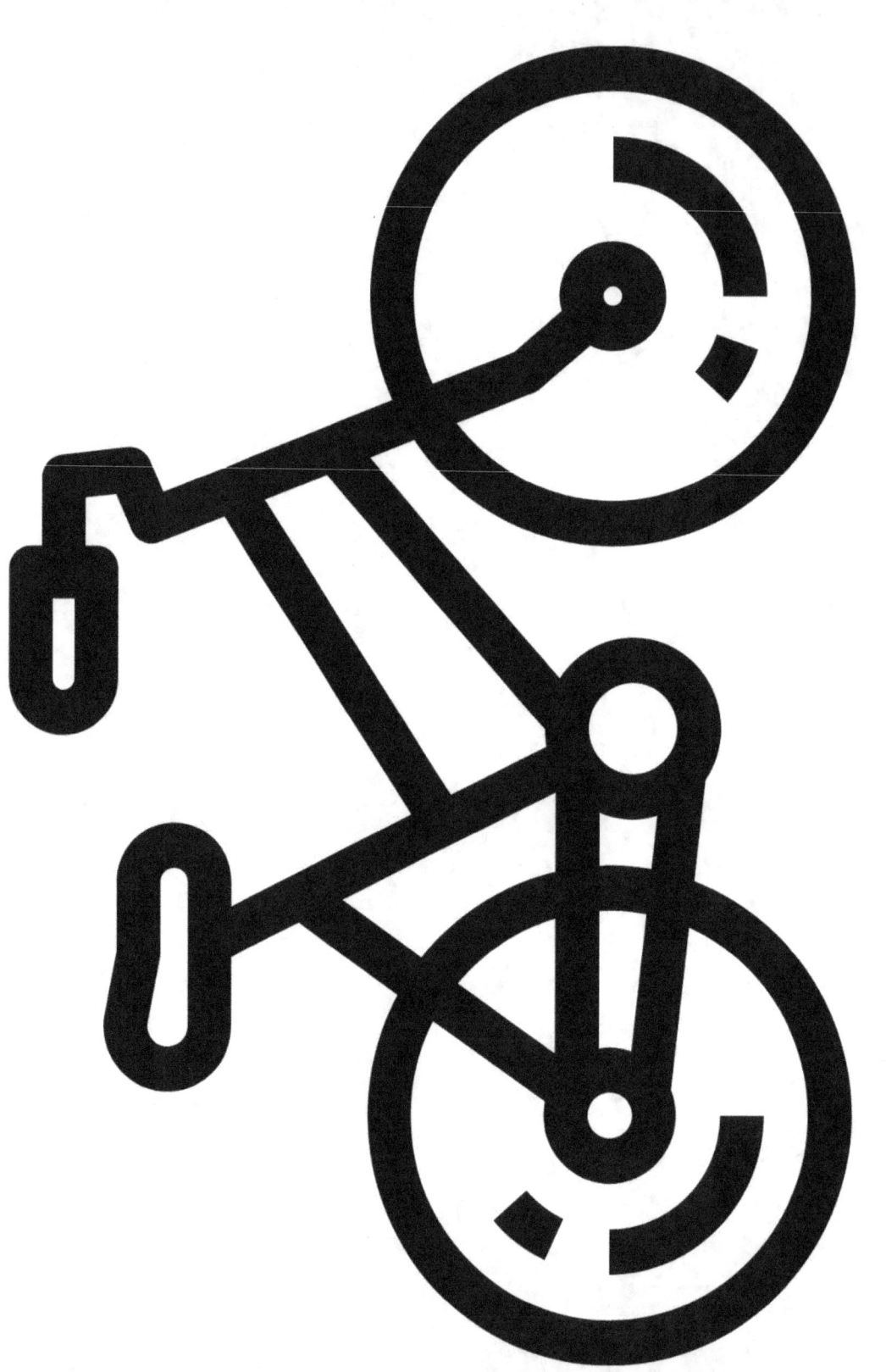